Español Lengua Extranjera

Curso de conversación

Tema a tema

Vanessa Coto Bautista
Anna Turza Ferré

B1

edelsa

GRUPO DIDASCALIA, S.A.

Tema 1

EL CARÁCTER ESPAÑOL

El encuentro con otra cultura marca diferencias que ayudan a comprender mejor el mundo. Pero esto supone un reto: ponerse en la piel del otro para que la diferencia cree puentes al aprendizaje y no barreras para el aislamiento. Acercarse a otra cultura es romper la barrera de los tópicos.

▶ **Infórmate:** Los españoles opinan de sí mismos

▶ **Reflexiona y practica:** *Ser* y *estar* + adjetivos

▶ **Crea con las palabras:** El carácter y los estados de ánimo

▶ **Exprésate:** Tu descripción de los españoles y Un país ideal

Completa el mapa de las comunidades autónomas con las que aparecen en el cuadro. ¿Sabrías situar alguna ciudad?

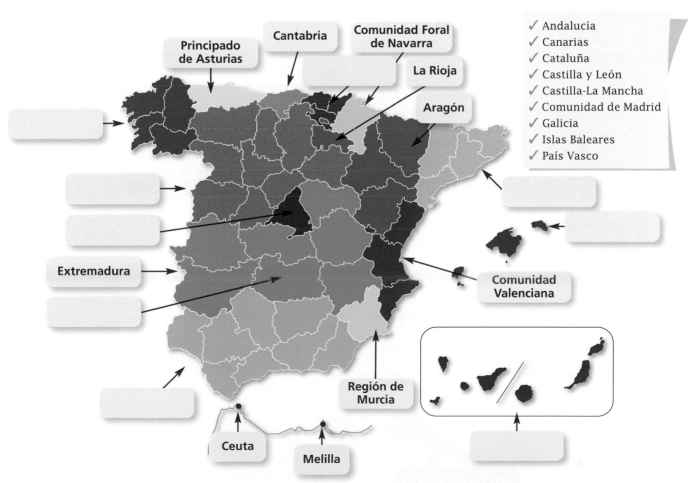

- ✓ Andalucía
- ✓ Canarias
- ✓ Cataluña
- ✓ Castilla y León
- ✓ Castilla-La Mancha
- ✓ Comunidad de Madrid
- ✓ Galicia
- ✓ Islas Baleares
- ✓ País Vasco

Principado de Asturias · Cantabria · Comunidad Foral de Navarra · La Rioja · Aragón · Extremadura · Comunidad Valenciana · Región de Murcia · Ceuta · Melilla

EL CARÁCTER ESPAÑOL

Infórmate

 Escucha lo que opinan algunos españoles sobre sí mismos y di cuál de las afirmaciones resume lo dicho por ellos. Después, lee las afirmaciones y di si se corresponden a lo que se ha dicho en la entrevista.

▶ Los españoles son muy diferentes entre ellos, debido a que no hay nada que pueda identificarles como grupo.

▶ Algunos piensan que los españoles tienen un carácter común; pero otros, que las diferencias regionales impiden hablar de una unidad de carácter.

▶ La gente que vive en España se adapta rápido a la manera de ser de cada zona, por eso son todos muy uniformes.

B LAS VALORACIONES

Marca los adjetivos que has oído en la encuesta. ¿Añadirías algún otro para referirte al carácter español?

- ahorrador
- sociable
- presumido
- chulo
- solidario
- cotilla
- honrado
- apasionado
- prepotente
- fanfarrón
- tacaño
- individualista
- desconfiado
- gracioso
- huraño
- pesado
- discreto
- curioso
- impuntual
- emprendedor
- irreflexivo
- juerguista
- terco
- ingenuo
- indisciplinado
- espontáneo
- charlatán
- enigmático
- supersticioso

	sí	no
1. El carácter español es diferente al resto de los ciudanos europeos.	sí	no
2. El hombre cree que los españoles se preocupan demasiado por el futuro.	sí	no
3. A los ciudadanos de algunas comunidades autónomas se les atribuye un carácter determinado.	sí	no
4. Los estereotipos son una idea general simplificada de grupos de gente.	sí	no
5. La chica encaja con la imagen que los extranjeros tienen de los españoles.	sí	no
6. Es necesario que existan unos rasgos propios de cada zona que nos diferencien a unos de otros.	sí	no

C ASÍ VEN LOS ESPAÑOLES LAS COMUNIDADES AUTÓNOMAS

Según un informe del CIS (Centro de Investigaciones Sociológicas de España), los españoles ven así algunas comunidades:

ASTURIANOS	ANDALUCES	MADRILEÑOS
▶ hospitalarios y generosos ▶ amantes del beber y el comer ▶ algo revolucionarios	▶ alegres y charlatanes ▶ graciosos y juerguistas ▶ religiosos y supersticiosos ▶ algo perezosos	▶ abiertos ▶ orgullosos ▶ un poco «chulos» ▶ hospitalarios

VALENCIANOS	ARAGONESES	CASTELLANOS
▶ abiertos ▶ alegres ▶ apasionados	▶ cabezotas ▶ nobles ▶ algo brutos	▶ buena gente ▶ serios y sencillos ▶ algo huraños

VASCOS	GALLEGOS	CATALANES
▶ separatistas ▶ les gusta la buena mesa ▶ algo brutos y fanfarrones ▶ tradicionales	▶ enigmáticos ▶ familiares ▶ desconfiados ▶ supersticiosos ▶ apegados a su tierra	▶ trabajadores y emprendedores ▶ tacaños ▶ separatistas ▶ serios ▶ poco habladores

Da tu opinión

🔊 ¿Qué tópicos existen en las diferentes zonas en las que se divide tu país?

🔊 ¿Crees que hay alguna razón que explique esa imagen?

D ¿LOS ESPAÑOLES SON ASÍ?

Completa estas definiciones con los adjetivos estudiados en la página anterior.

Infórmate

1. Si un español no está ni un momento en casa, aprovecha todo el tiempo para salir, estar con los amigos y no regresa a casa «hasta las tantas», diremos de él que es un ....

2. Si a la hora de pagar en un bar te dice que tu copa te la pagues tú y que él solo paga lo que ha consumido él, pensaremos que es un ....

3. Si de pronto se pone blanco porque se entera de que su avión parte en martes y 13, diremos que es un ....

4. Si no hay manera de hacerle cambiar de opinión sobre algo, le gritaremos que es un ....

5. Si por mucho que te esfuerces en intentar agradarle, él prefiere no hablar y parece que huye de la gente, pensaremos que es un ....

6. Si intentas «ganarte su confianza», pero él no parece que confíe demasiado en ti, diremos que es un ....

7. Si no trata ni las cosas ni a las personas con demasiada delicadeza, le indicaremos que es un ....

8. Si presume de cosas que no son, comentaremos que es un ....

9. Si se cree mejor que tú y «tiene unos aires» de superioridad, creeremos que es un ....

10. Si no para de hablar los diez minutos que estás con él de cosas sin importancia, cuando lo dejes, pensarás de él que es un ....

interactúa

¿Cómo los describirías ▶

En grupos de 4, piensa rápidamente en un personaje famoso y en diez de los adjetivos del cuadro de la página anterior, sin repetirlos. Ganará el equipo que primero acabe y que lo haga correctamente.

El Zorro

Shakira

Javier Bardem   El Che Guevara

Manu Chao

EL CARÁCTER ESPAÑOL

Reflexiona y practica

1 ¿Con *ser* o con *estar*?

Hay adjetivos que se usan con *ser* y con *estar*. Por ejemplo, para describir a un andaluz, un español diría *gracioso*, pero también lo usaría para hablar del estado de ánimo de una persona más seria. ¿Sabes por qué y cuál es la diferencia de uso?

Con *ser*	Con *estar*
Se presenta como una descripción que pretende ser objetiva. Muestra características más inherentes a la persona o cosa. — *Es muy gracioso.* (Muestra su carácter). • *Sí, te partes de risa con él.*	Se presenta como una descripción más subjetiva y propia de un determinado momento o de unas circunstancias en particular. — *Estás muy gracioso hoy, ¿qué te pasa?* (Muestra un estado de ánimo, no su carácter, por lo que se deduce que es algo temporal). • *Noto cierta ironía en tu tono…*

2 Adjetivos que cambian de significado con *ser* o con *estar*.

No todos los adjetivos funcionan igual. Aquí tienes una lista de algunos adjetivos que cambian su significado dependiendo de si se usan con *ser* o *estar*.

	Con *ser*	Con *estar*
abierto	▸ muy sociable	▸ acepta ideas nuevas *(estar abierto a)* ▸ lo contrario de *cerrado* (para cosas)
atento	▸ amable	▸ prestar atención
bueno	▸ buena persona ▸ de buena calidad o útil ▸ algo saludable	▸ de buen sabor (comida) ▸ guapo (coloquial)
cerrado	▸ no quiere socializar (personas) ▸ conservador	▸ no acepta ideas nuevas ▸ lo contrario de *abierto* (cosas)
delicado	▸ suave, fino ▸ se dice de un tema o un asunto difícil, controvertido	▸ tiene poca salud
fresco	▸ reciente (comida) ▸ de clima frío ▸ caradura (personas)	▸ un poco frío (en ese momento)
interesado	▸ alguien movido por interés*	▸ tener interés en algo
listo	▸ inteligente	▸ preparado ▸ equivocado (coloquial e irónico)
malo	▸ malvado ▸ de mala calidad o perjudicial	▸ enfermo ▸ de mal sabor o estropeado (comida)
muerto	▸ aburrido (personas, coloquial)*	▸ lo contrario de *vivo* ▸ muy cansado (coloquial)
negro	▸ color	▸ enfadado, irritado (coloquial) ▸ muy bronceado (coloquial)
orgulloso	▸ arrogante	▸ muy satisfecho, muy contento
rico	▸ con dinero ▸ con propiedades saludables (comida)	▸ de buen sabor (un plato de comida)
verde	▸ color ▸ ecologista ▸ relacionado con el sexo, «chiste verde» / «viejo verde»	▸ no maduro (comida) ▸ inmaduro, inexperto (coloquial)
vivo	▸ activo, lleno de vida	▸ lo contrario de *muerto*

* Con artículo *un / una*.

interactúa

?

¿Qué estás diciendo ▶

Pon ahora tú ejemplos de frases en las que cambie el significado del adjetivo si se utiliza con un verbo u otro. Tu compañero deberá adivinar el significado de tus palabras.

3 Descubre más aspectos de los españoles.

Lee el siguiente texto en el que aparecen algunos de los adjetivos vistos antes y explica su significado.

Reflexiona y practica

Si **estás interesado** en venir a España, debes saber que todas las comunidades autónomas son diferentes: muchas **son verdes**, otras **son ricas** y algunas **son frescas**, sobre todo en invierno. Vamos a hablarte de algunas de ellas, así que **estate atento**.

Puedes empezar el viaje por el noroeste, por Galicia. Es imprescindible una visita por sus hermosos paisajes y su rica gastronomía. ¡No hay nada que **esté malo**! Aunque si **estás delicado**, ten cuidado con la lluvia, frecuente en la zona.

A su lado está Asturias. ¡El marisco de aquí **está riquísimo**, y beben sidra! Su gente **es abierta** y seguramente te contarán que son de origen celta. ¡**Están** muy **orgullosos** de ello!

Más al este está el País Vasco. Aquí **es delicado** preguntar sobre algunos temas, como la independencia o el terrorismo, pero como la gente no **es cerrada**, podrás hablar de esto si te interesa. Hablan una de las lenguas más antiguas que se conocen: el vasco o euskera.

Si continúas hacia el este, te encontrarás con Navarra. Todo el mundo la conoce por su fiesta más popular: los Sanfermines. Son unas fiestas increíbles, no aptas para los que **son un muerto**.

Entre Asturias y el País Vasco está Cantabria. Se dice que es la cuna del idioma español, que desde allí se fue extendiendo por toda la Península. Tiene pueblos preciosos, como Santillana del Mar o San Vicente de la Barquera, pero a veces el tiempo en verano **es un poco fresco**.

Haciendo frontera con Francia y a la izquierda de Cataluña está Aragón. Como **eres listo**, enseguida observarás la belleza del lugar. Si puedes, visita la catedral de Zaragoza, que es preciosa, o presencia una de las famosas jotas aragonesas.

En el extremo este, está Cataluña: Barcelona **es** una ciudad cosmopolita y muy **viva**; Tarragona, con sus largas playas; y Lleida y Girona donde, si **estás interesado**, podrás ver sus maravillosas iglesias románicas.

Muy cerca están las Baleares, un conjunto de islas donde **estar negro** en poco tiempo va a serte fácil. Tiene algunas islas muy conocidas, como Mallorca, Menorca o Ibiza, donde la fiesta es la reina.

Las otras islas españolas están lejos, en la costa africana. Son las islas Canarias. Los nativos de allí se llamaban *guanches*. En Tenerife puedes subir a la montaña más alta del país, que es un volcán: el Teide. La gente de allí **es atenta** y alegre.

Al volver a la Península, en la costa este tienes la Comunidad Valenciana. Si no **eres cerrado**, te lo pasarás muy bien en sus fiestas, en especial, en las Fallas. De allí es originaria la paella.

En el centro está la Comunidad de Madrid, con la ciudad del mismo nombre y la capital de España. **Estás listo** si crees que puedes aburrirte aquí: es una ciudad llena de cultura y cosas para hacer. Justo al norte está Castilla y León, una comunidad muy grande e interesante. En Segovia tienes un acueducto romano muy bien conservado, y Ávila tiene sus famosas murallas. Luego está Salamanca, en donde está la universidad más antigua de España. Pero si tienes calor en verano y quieres **estar fresco**, lo mejor es que visites catedrales. Son famosas las de Burgos y León.

Andalucía, en el sur, te encantará. La cultura árabe era muy refinada y dejó su huella en esta zona, aportándole un encanto especial. Y aunque **estés verde** en flamenco, te será fácil conocer todos sus secretos en un tablao.

4 Conoce otras comunidades autónomas.

Completa con *ser* o *estar*.

También hay otras comunidades que .... importantes y reconocidas por su gastronomía, además de por otras cosas. .... famosos los vinos de La Rioja. .... vinos muy valorados, en especial los que .... tintos. Castilla-La Mancha, la tierra de Don Quijote, tiene una gran variedad de quesos. Muchos creen que el queso manchego .... el más sabroso de España. Una vez que .... empezado, ... difícil no comértelo entero.

En Extremadura tienen los mejores jamones ibéricos del mundo. Aquí, los cerdos .... contentos al vivir libremente y alimentarse solo de bellotas.

Si .... de paso por Murcia, no olvides probar sus verduras. La mejor huerta .... allí.

interactúa

¿Cómo es tu país ▶

Redacta ahora un texto sobre tu país utilizando algunas diferencias entre *ser* y *estar*, léeselo a tu compañero, qué deberá decir si está de acuerdo con esa imagen o no.

EL CARÁCTER ESPAÑOL

▶ **Crea con las palabras**

Personajes literarios

1 ¿Recuerdas a estos personajes españoles? Fíjate en algunas características con las que se les define.

DON QUIJOTE

▶ ingenuo
▶ soñador
▶ cabezota

DON JUAN

▶ juerguista
▶ mujeriego
▶ tierno

2 Piensa ahora en las figuras representativas de tu país y di cómo las definirías.

Las virtudes se convierten en defectos

3 Todos tenemos virtudes y defectos. Sin embargo, las virtudes en determinados momentos no lo son tanto y al revés, algunos defectos en situaciones concretas se convierten en ventajas. Piensa cuándo estas cosas consideradas de una determinada manera podrían no ser vistas así.

VIRTUDES	DEFECTOS
▶ independiente	▶ cotilla
▶ tierno	▶ tacaño
▶ hospitalario	▶ callado
▶ espontáneo	▶ cabezota

Pues ser un poco cotilla puede ser útil si tu profesor está hablando con otro sobre lo que va a poner en el próximo examen.

Tengo un amigo muy cotilla que dice que él no es «cotilla», sino «curioso»…

Un poco de humor

4 Los españoles también tenemos tópicos sobre otros países, y sabemos reírnos de nosotros mismos. Lee este chiste e indica qué estereotipos hay sobre las diferentes nacionalidades. ¿Estás de acuerdo con estos estereotipos?

Un barco se está hundiendo y necesitamos que todos los pasajeros se suban a los botes salvavidas inmediatamente, pero sin que «cunda el pánico». ¿Qué les diríamos?

A los belgas, que la cerveza está en los botes.
A los italianos, que las mujeres están en los botes.
A los japoneses, que es para incentivar económicamente su país.
A los americanos, que es un acto patriótico.
A los ingleses, que es una vieja tradición naval.
A los alemanes, no les diríamos nada. Les daríamos directamente la orden.
¿Y a los españoles? Les advertiríamos de que está completamente prohibido subirse a los botes.

interactúa

¿Conoces algún chiste con tópicos ▶

Hay miles de ellos, sobre nacionalidades, rubias o morenas, hombres o mujeres, jóvenes o ancianos, suegras o nueras… En parejas, piensa en dos de ellos y cuéntalos al resto de la clase.

Debate

¿Qué opinas tú de la gente de un país?, ¿tienen un carácter determinado o no?, ¿existe una imagen general?

1. Elige cinco adjetivos que crees que describen mejor a los españoles y explica por qué. ¿Tus compañeros opinan igual?

2. Elige cinco adjetivos que crees que describen mejor tu nacionalidad y explica por qué eliges esos y no otros.

Exprésate

3. ¿Te parece que los tópicos son justos? ¿Qué te parecen las siguientes afirmaciones?

   a. Los tópicos son un acercamiento superficial a una cultura. Son más propios de los turistas.

   b. Conociendo mejor otra cultura, puedes aprender más de la tuya.

   c. Como en el país de uno, no se vive en ninguna parte.

   d. Las películas sirven de referencia para conocer otra cultura.

   e. Más que de una cultura, deberíamos hablar de una diversidad de culturas dentro de un país.

Proyecto

Crear un país

Vamos a crear nuestro propio país, con nuestras propias reglas y la imagen que queramos. Hay que elegir muchas cosas para que sea nuestro lugar ideal. Así que, en grupos, discutimos cómo va a ser y, luego, defendemos ante el resto de la clase nuestras opciones hasta conseguir unanimidad.

▶ ¿Qué lenguas se hablarán? ¿Cuál será la lengua oficial? ¿Qué bandera tendrá o qué símbolos la representarán?

▶ ¿Cómo deberá comportarse todo el mundo? ¿Habrá algunas reglas sociales obligatorias?

▶ ¿Qué tipo de gobierno habrá? ¿Existirán otras formas de administrar zonas o habrá un único gobierno central?

▶ ¿A qué edad se será mayor de edad? ¿A qué edad se podrá votar? ¿A qué edad será legal conducir o beber?

▶ ¿Habrá un ejército profesional? ¿La gente podrá tener armas?

▶ ¿Cómo se castigarán los delitos? ¿Habrá cárcel? ¿Y pena de muerte?

▶ ¿Habrá una religión oficial?

▶ ¿Habrá educación obligatoria? ¿Será gratuita? Si es así, hasta qué edad.

▶ ¿Será legal el consumo de cualquier sustancia en cualquier lugar (tabaco, alcohol, drogas)?

▶ ¿Cuál será la política de inmigración? ¿Podrá quedarse cualquier persona que llegue a nuestro país?

▶ ¿Cómo se elegiría a los gobernantes?

▶ ¿Cómo funcionará el sistema sanitario?

▶ Otras cosas importantes en nuestra nueva civilización…

PREPÁRATE PARA ESTE TEMA

Para trabajar con este tema, revisa el léxico, comprueba las palabras que conoces, aprende las nuevas y realiza las actividades.

El carácter y la personalidad

abierto	familiar	presumido
ahorrador	fanfarrón	puntual
alegre	generoso	religioso
amante de	gracioso	responsable
ambicioso	hablador	revolucionario
apasionado	hospitalario	seguro
apegado a	huraño	sencillo
arrogante	impaciente	separatista
bruto	impuntual	serio
cabezota	independiente	sincero
callado	indisciplinado	sociable
cerrado	individualista	solidario
charlatán	ingenuo	soñador
cobarde	inseguro	supersticioso
conservador	introvertido	susceptible
constante	irreflexivo	tacaño
cotilla	irresponsable	terco
curioso	juerguista	tierno
desconfiado	nervioso	tímido
descreído	noble	trabajador
desprendido	optimista	tradicional
discreto	orgulloso	tranquilo
divertido	paciente	travieso
emprendedor	perezoso	triste
enigmático	pesado	vago
espontáneo	pesimista	valiente

1 Sustituye las expresiones por un adjetivo.

a. No es nada callado. ....

b. No es paciente. ....

c. No es nada sociable. ....

d. No cree en nada. ....

e. No tiene miedo. ....

f. Tiene grandes metas en su vida. ....

2 Indica un adjetivo parecido.

a. alegre ....

b. tímido ....

c. hablador ....

d. curioso ....

Tienes que presentarte ante otras personas para que te conozcan. Elige una de las siguientes situaciones y escribe un texto para describirte.

Expresión escrita

▶ Preparas un encuentro de cita rápida.

▶ Estás en una ciudad nueva y escribes en un tablón de anuncios para conocer amigos.

▶ Buscas un trabajo y te describes para el psicólogo del Departamento de Selección de personal.

Tema 2

ESPACIOS NATURALES HISPANOS

El vínculo con la naturaleza de la que somos parte nos ayuda a conocernos mejor. Solo abriéndonos a los otros –hombre, animal, naturaleza– podremos redescubrir lo que nos une, obtener la fuerza para romper con los daños y recrear un inmenso jardín en el que todos encontremos nuestro sitio.

- ▶ **Infórmate:** Parques naturales
- ▶ **Reflexiona y practica:** La voz pasiva
- ▶ **Crea con las palabras:** Los cinco elementos naturales
- ▶ **Exprésate:** La influencia del entorno en el ser humano

Sitúa en el mapa **el lugar donde están hechas las fotos.** ¿Conoces otros paisajes de España?

1. **Campos** de trigo de la meseta

2. **Valle** de los Pirineos

3. **Desierto** almeriense

4. **Acantilados** del Cabo Peñas

5. **Playa** gaditana

6. **Cala** de la Costa Brava

7. **Cordillera** Cantábrica

2 ESPACIOS NATURALES HISPANOS

Infórmate

A ENTRE DOS CONTINENTES, ENTRE TRES PAÍSES

¿Conoces algo del estrecho de Gibraltar? Contesta a las preguntas.

▶ ¿Dónde está?

▶ ¿A quién pertenece Gibraltar y qué idiomas se hablan en él?

▶ ¿Qué dos ciudades españolas se encuentran al otro lado del Estrecho?

B LA RESERVA DE LA BIOSFERA INTERCONTINENTAL DEL MEDITERRÁNEO

 Lee las cuestiones, escucha la noticia de radio y responde.

1. ¿Cuál es el organismo internacional encargado de aprobar los espacios naturales que forman parte de las reservas de la biosfera?

2. ¿Qué objetivos se persiguen bajo esta denominación?

3. ¿Qué dos países se encuentran por delante de España en cuanto a número de reservas en su territorio?

4. ¿En qué dos aspectos difiere la Reserva Intercontinental del Mediterráneo de las demás?

5. ¿Qué consecuencia se espera que este nombramiento tenga para estos países?

6. ¿Qué criterios se han seguido para englobar estas dos zonas como una sola?

C EL PAISAJE DE LA RESERVA

Une las fotos con el nombre correspondiente y así podrás conocer un poco más del paisaje de la reserva.

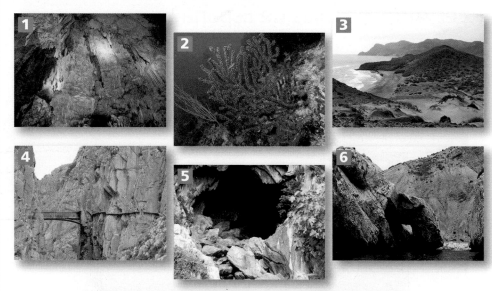

- ☐ Algas y fondo marino
- ☐ Barranco
- ☐ Interior de una cueva
- ☐ Playa de dunas
- ☐ Arbusto en la sierra
- ☐ Cascada
- ☐ Plantas acuáticas
- ☐ Sierra caliza (Cordillera del Rif)

D OTRA FORMA DE HACER TURISMO

Lee los textos y relaciona las imágenes con cada ruta. ¿Cuál de ellas preferirías hacer? ¿Por qué?

Infórmate

1 La ruta del suroeste de Gran Canaria te permite disfrutar del famoso paisaje insular, tanto costero como interior. Si inicias la ruta desde la capital, te recomiendo que te dirijas a los núcleos urbanos de Santa Lucía de Tirajana, San Bartolomé de Tirajana, Mogán y la Aldea de San Nicolás. Tiéndete en una de sus playas de **dunas** doradas mientras contemplas el subir y bajar de las **mareas** o adéntrate en el interior y contempla el paisaje tropical de palmeras y cactus de la Caldera de Tirajana.

2 Se trata de una ruta que te permite ver una gran variedad de paisajes. La primera ciudad es Olot, donde puedes visitar el paisaje volcánico de la Garrotxa (actualmente parque natural). Luego puedes descender hasta Girona a 53 km y de allí a Sant Feliu de Guíxols a 33 km para empezar a recorrer el paisaje costero, pasando por los encantadores pueblos pesqueros de la zona, con sus pequeñas **calas**. Más tarde puedes adentrarte en la maravillosa zona conocida por el «Empordanet» para visitar algunos pueblos medievales. Desde Torroella de Montgrí se visita la **desembocadura** del río Ter, y desde allí nos trasladamos hacia el interior. Para terminar, se sigue hacia el norte para visitar las **ruinas** griegas y romanas de Empúries.

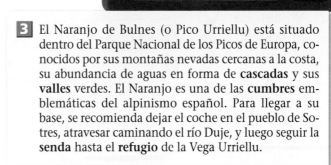

3 El Naranjo de Bulnes (o Pico Urriellu) está situado dentro del Parque Nacional de los Picos de Europa, conocidos por sus montañas nevadas cercanas a la costa, su abundancia de aguas en forma de **cascadas** y sus **valles** verdes. El Naranjo es una de las **cumbres** emblemáticas del alpinismo español. Para llegar a su base, se recomienda dejar el coche en el pueblo de Sotres, atravesar caminando el río Duje, y luego seguir la **senda** hasta el **refugio** de la Vega Urriellu.

E UN POCO DE LÉXICO PARA NO EQUIVOCARSE

Relaciona las palabras marcadas en los textos anteriores con su significado.

1. Edificio situado en las montañas para acoger a excursionistas.
2. Movimiento periódico de ascenso y descenso de las aguas del mar.
3. Restos históricos de civilizaciones pasadas.
4. Pequeñas playas formadas por la entrada del mar en la costa.
5. Pequeño camino hecho por el paso continuado de caminantes.
6. Pequeñas colinas de arena que, en el desierto y en las playas, mueve el viento.
7. Tierra entre dos montañas.
8. Parte más alta de una montaña.
9. Lugar en el que un río acaba entrando en el mar.
10. Caída desde cierta altura del agua de un río.

¿Cuáles son los paisajes característicos de tu país? Explica dónde están.

Piensa en una ruta para visitar alguna zona de tu país y descríbela de manera similar a los textos anteriores. No olvides decir qué paisaje puedes ver y cómo hacerla.

Da tu opinión

ESPACIOS NATURALES HISPANOS

1 La voz pasiva

Se usa primordialmente en contextos muy formales, como por ejemplo en periódicos, informes, reportajes, etc. Se utiliza muy a menudo cuando se desconoce el autor de los hechos o cuando se da más importancia a la acción que al agente.

Reflexiona y practica

La voz pasiva	
Sujeto pasivo + *ser* + participio (+ *por* + sujeto activo)	*La petición de la Junta de Andalucía y del Gobierno marroquí* **fue aprobada por** *la UNESCO.* *El incendio* **será sofocado** *en las próximas horas.*
Cuando aparecen dos o más pasivas juntas refiriéndose a un mismo sujeto, suele ponerse *ser* solo en la primera.	**Fue detenido**, **juzgado** y **condenado** *a cadena perpetua.*

2 Titulares de periódicos

Observa las siguientes noticias. Transfórmalas a la voz pasiva para darles un mayor grado de formalidad.

Alguien ha provocado varios incendios en la sierra de Gredos.

1. *Varios incendios han sido provocados en la sierra de Gredos.*

Los acusados del caso MONTI no habían anunciado el peligro de escapes nucleares a los empleados de la central.

2. ....
....
....

El gobierno autonómico presentó ayer una nueva propuesta para la reforestación de la costa de Murcia.

3. ....
....
....

La falta de agua arruina la cosecha de nuestros agricultores.

4. ....
....
....

«Los constructores terminarán a tiempo las obras del viaducto para la llegada del presidente», afirmó la alcaldesa.

5. ....
....
....

El Parque Nacional de Doñana ha endurecido el régimen de visitas turísticas.

6. ....
....
....

La Fundación Unidos para Salvar la Naturaleza está recogiendo firmas para la penalización de la fábrica COS por la contaminación de la ría .

7. ....
....
....

3 Una noticia positiva

Lee la siguiente noticia y transforma en pasiva el titular y las oraciones que puedas, haciendo los cambios necesarios.

Reflexiona
y practica

LAS FUERZAS DE SEGURIDAD RESCATAN A UNOS JÓVENES PERDIDOS ANTES DE AYER EN LA SIERRA DE GATA

La policía y el cuerpo de bomberos de la localidad de Ciudad Rodrigo rescataron ayer exitosamente al grupo de montañeros perdidos en la sierra de Gata. Los familiares de los jóvenes anunciaron su desaparición antes de ayer a última hora de la tarde, y el Consorcio Provincial de Bomberos los localizó ese mismo día desde un helicóptero, pero no pudieron rescatar a los excursionistas por encontrarse estos en una zona de difícil acceso. Afortunadamente, y a pesar de las condiciones climáticas desfavorables, esta mañana la policía y un grupo de voluntarios del parque de bomberos de la localidad salmantina llevaron a cabo la operación-rescate con éxito.

4 Entrénate como redactor

Completa los espacios en blanco de este texto con el verbo entre paréntesis en voz pasiva.

Mi amigo Diego es un amante de la naturaleza. Me dice que, cuando .... (introducir) especies no autóctonas en lugares inadecuados, todo el paisaje y el hábitat natural de la zona .... (destruir). Por ejemplo, en Asturias, la industria maderera se sintió atraída por la idea de plantar eucaliptos, árboles de crecimiento rápido. Sin embargo, los eucaliptos absorben todos los nutrientes de la tierra en que .... (plantar) y la mayoría de las especies vegetales del área .... (exterminar) por ellos. Esto tiene una reacción en cadena muy negativa, pues animales que viven de estas plantas .... (obligar) a buscar otros lugares para vivir. Tal fue el caso del oso pardo, cuya zona vital .... (reducir) –por diversos factores– a pequeños y aislados espacios que limitaban su reproducción y, hasta hace poco, condenaban a este animal a su extinción. Afortunadamente en este caso, los osos pardos .... (recuperar) como especie gracias a la acción de organizaciones de ayuda a la naturaleza. Diego cree que gracias a las experiencias pasadas, en el futuro, las especies no autóctonas no .... (introducir) y que, si todos pusiéramos nuestro granito de arena y lucháramos contra esto, la naturaleza se conservaría mucho más.

interactúa

El reportero eres tú ▶

¿Conoces algún caso en el que se hayan tomado medidas para proteger a alguna especie autóctona? ¿Consideras que alguna está en peligro?

Redacta con tu compañero una noticia inventada sobre este tema.

ESPACIOS NATURALES HISPANOS

Los cuatro elementos de la naturaleza

1 Observa los elementos de la naturaleza y clasifica las siguientes palabras relacionándolas con ellos.

Crea con las palabras

- brisa
- golfo
- cala
- lava
- cascada
- marea
- cauce
- orilla
- cordillera
- pantano
- corriente
- ráfaga (de viento)
- estrecho
- relámpago

Agua **a**

Golfo de Rosas (Gerona)

Tierra **b**

Llanura castellana

Fuego **d**

Géiser (Lanzarote)

Aire **c**

Molinos en Consuegra

2 Compara tu lista con la de tu compañero. ¿Tenéis las mismas asociaciones? Justifica las tuyas.

Catástrofes naturales

3 Adivina la catástrofe natural que responde a cada frase.

- Movimientos de masas de aire fuertes que suelen provocar vientos con velocidades superiores a 100 Km/h: un h _ r _ c _ n.

- Gran masa de nieve que se derrumba de los montes: un _ l _ d.

- Desbordamiento de un río, cuyas aguas se salen de su cauce a consecuencia de lluvias persistentes o intensas: una _ n _ nd _ c _ _ n.

- Torbellino violento de aire que gira sobre sí mismo a gran velocidad: un t _ rn _ d _.

- Sacudida del terreno producida por el choque de placas geológicas: un t _ rr _ m _ t _.

4 ¿Alguna de estas catástrofes ocurren o han ocurrido recientemente en tu país?

Un paisaje único

Describir consiste en observar y explicar lo que se ve, se siente o se quiere con la mayor exactitud posible y señalando aquellos aspectos que más nos interesen.

1. Describe estas imágenes lo más fielmente que puedas.

Parque Nacional de Monfragüe · **1**

Parque Nacional de Aigüestortes · **2**

Parque Nacional Picos de Europa · **3**

Exprésate

Parque Nacional de Cabañeros · **4**

Parque Nacional de Doñana · **5**

2. Elige ahora una de las fotos y, con tu compañero, imagina que hay alguien en ella: ¿Quién es? ¿Dónde va? ¿Por qué? ¿Qué va a pasar?

Simulación

¿Crees que las características geográficas o climatológicas de la zona donde alguien vive influyen en cómo se siente y cómo es? Discútelo con tus compañeros. Después, vamos a experimentarlo.

▶ Imagina que quieres cambiar el lugar en el que vives y solo puedes elegir una de estas opciones, ¿con cuál te quedarías? ¿Por qué?

Un pueblo de alta montaña. Vivirías rodeado de nieve en invierno y de pastos verdes en primavera. Tendrás una vida tranquila en tu cabaña de madera, sin apenas vecinos a tu alrededor y siempre en contacto con la naturaleza.

El desierto de arena fina. Siempre te ha gustado el calor y la vida sin ataduras. Vivirás libre en tu jaima que podrás montar y desmontar cuando quieras para cambiar a un nuevo lugar, atravesando las dunas del desierto en tu camello.

En una zona boscosa dentro de la selva del Amazonas. Te sientes atraído por la vida sencilla y quieres huir de la civilización. Vivirás en una choza, junto a los indígenas que compartirán su cultura contigo. Aprenderás a vivir sin muchos lujos, pero de manera natural.

En una playa de arena blanca y aguas azules en una zona del Caribe. Vivirás en un *bungalow* de un complejo turístico. Podrás asistir a todos los eventos y actividades que se organizan y conocer a todos los turistas de todas las edades que irán de vacaciones.

▶ Piensa en los beneficios que obtendrías con este cambio de vida. Haz una lista. Después, habla con tu compañero y explícale tu decisión. Este, a su vez, deberá mostrarse pesimista y sacar la parte negativa que tendría esta nueva vida para ti.

▶ Después, intercambia los papeles. Él te explicará sus planes y tú serás quien buscará problemas en ellos.

PREPÁRATE PARA ESTE TEMA

Para trabajar con este tema, revisa el léxico, comprueba las palabras que conoces, aprende las nuevas y realiza las actividades.

Los paisajes

el barranco	la cumbre	el lodo
el bosque	el desierto	la montana
el camino	la duna	el monte
el cielo	el géiser	el precipicio
la colina	la isla	la sierra
la cordillera	la lava	el valle
la cueva	la llanura	el volcán

1 Organiza de menos a más estas series de palabras.

   a.   colina   cordillera   montaña
          monte   sierra

   b.   barranco   precipicio   valle

2 Identifica las palabras que describen las frases.

   a. Montaña que echa fuego.   ....
   b. Punta de una montaña.   ....
   c. Conjunto pequeño de montañas. ....
   d. Material que sale de un volcán. ....

Los mares, los ríos y los lagos

el acantilado	el caudal	la laguna
el afluente	el charco	el manantial
la arena	la costa	la marea
el cabo	la desembocadura	la ola
la cala	el embalse	la orilla
la cascada	el estrecho	el pantano
el cauce	el golfo	la playa

3 Identifica siete palabras relacionadas exclusivamente con los ríos.

4 Identifica dos palabras relacionadas exclusivamente con el mar.

5 ¿Qué es más pequeño, un charco, un embalse, una laguna o un pantano?

Expresión escrita

Te han pedido que describas el paisaje de tu región. Elige una de las siguientes situaciones y escribe un texto para hacerlo lo más detallado posible.

▶ Un amigo extranjero quiere visitar tu región y está planificando cuándo sería la mejor época y qué actividades en la naturaleza podría realizar.

▶ Te han ofrecido que redactes una guía turística de tu región. Tienes que contemplar los diferentes intereses de tus posibles lectores, a quienes no conoces.

▶ Tienes que convencer a un amigo caribeño que se vaya a vivir a tu región. Él no quiere porque dice que en su país se vive muy bien.

Tema 3

LA EDUCACIÓN ESPAÑOLA

Solo fomentando la reflexión y la auto-crítica se pueden trascender los límites de la sociedad. Por eso, la educación ha de ir más allá de la enseñanza de datos. Debe proporcionar herramientas para la creación de un mundo donde los derechos humanos sean realmente factibles. Conocer otras lenguas y culturas facilita este propósito.

▶ **Infórmate:** El sistema educativo

▶ **Reflexiona y practica:** Los pronombres personales

▶ **Crea con las palabras:** Los estudios

▶ **Exprésate:** Rueda de preguntas y Debate

¿Qué similitudes y diferencias observas entre el sistema español y el sistema de tu país?

3 LA EDUCACIÓN ESPAÑOLA

TEMA

Infórmate

A EL SISTEMA EDUCATIVO ESPAÑOL

 Observa el esquema de la página anterior y responde a las preguntas. Después, escucha una conversación en la que se habla de la educación en España y responde V o F.

▶ ¿En qué 4 grandes etapas se divide?

▶ ¿De qué partes consta la Enseñanza Básica? ¿Cuántos cursos tiene?

▶ Cuando se termina la Educación Secundaria Obligatoria, si quieren seguir estudiando, ¿qué posibilidades tienen los alumnos?

▶ Después de acabar el bachillerato o un ciclo formativo, ¿se puede entrar directamente en la universidad?

1. ■ La baja por maternidad (o paternidad) en España es de 6 meses.

2. ■ Los españoles suelen escolarizar a sus hijos por primera vez a los 3 años.

3. ■ Muchos colegios privados españoles son concertados: el Estado les da dinero.

4. ■ La educación es obligatoria hasta los 12 años.

5. ■ El examen de acceso a la universidad es común para todos los alumnos.

B ¿ESCUELA PÚBLICA O PRIVADA? ¿BACHILLERATO O FORMACIÓN PROFESIONAL?

Vuelve a escuchar la conversación y responde a las preguntas.

1. ¿Por qué algunas personas optan por los colegios privados?

2. ¿Qué significa que haya colegios privados concertados?

3. ¿Qué edades comprende la educación obligatoria en España?

4. ¿Qué dos etapas tiene la Educación Secundaria? ¿Qué diferencias hay entre ellas?

5. ¿Qué es la Formación Profesional?

C LAS ESCUELAS OFICIALES DE IDIOMAS

Lee esta información sobre las EOI y ordena el texto.

Infórmate

Por último, con respecto al aprendizaje, podrás hacerlo en aulas equipadas, laboratorios de idiomas, bibliotecas, salas de lectura, etc., y con el apoyo de profesores que en sus tutorías te ayudarán en las cuestiones más problemáticas del idioma.

Son centros públicos, no universitarios, de enseñanza de idiomas que están regulados por la Ley Orgánica de Educación (LOE) y cuyos certificados tienen un carácter oficial;

Do you speak english? Parlez-vous français? Sprichst du Deutsch?... o *Parles català?, ¿Falas galego?, ¿Euskaraz hitzegiten ahal duzu?*, todas estas preguntas pueden tener solución si te acercas a una EOI (Escuela Oficial de Idiomas). Incluso si eres extranjero y quieres aprender español, podrás encontrar una clase en ellas.

Pero ¿qué son y cómo funcionan las EOI?

Estos tres certificados hacen que el plan de estudios se estructure en tres niveles: básico (1.er y 2.º curso), intermedio (3.er y 4.º curso) y avanzado (5.º y 6.º curso). Y la mayoría de los cursos de casi todos los idiomas tiene una duración de unas 130 horas, en las que la variedad de actividades para avanzar en el aprendizaje de la lengua se hace patente.

o dicho de otro modo, están reconocidos en todo el territorio español. Los certificados que puedes obtener son: nivel básico, nivel intermedio y nivel avanzado, que se pueden conseguir de manera oficial (es decir, asistiendo a clase) o de manera libre (presentándote únicamente al examen).

Además, estos niveles siguen la propuesta del *Marco común europeo de referencia para las lenguas*, siendo los tres certificados equivalentes a los niveles A2, B1 y B2.

Da tu opinión

🔊 ¿Dónde se puede estudiar lenguas en tu país? ¿Qué tipo de centros existen? ¿Has estudiado en alguno?

🔊 ¿Qué ventajas hay en cada tipo de centro?

LA EDUCACIÓN ESPAÑOLA

Reflexiona y practica

1 Los pronombres personales

Vamos a repasar los pronombres átonos en función de OD y OI. En primer lugar, observa el siguiente cuadro.

Sujeto	Objeto directo	Objeto indirecto	Con preposición
YO	ME	ME	MÍ (conmigo)
TÚ / VOS	TE	TE	TI (contigo) / VOS
USTED / ÉL	LO	LE (se)	USTED / ÉL
USTED / ELLA	LA	LE (se)	USTED / ELLA
NOSOTROS / AS	NOS	NOS	NOSOTROS / AS
VOSOTROS / AS	OS	OS	VOSOTROS / AS
USTEDES / ELLOS	LOS	LES (se)	USTEDES / ELLOS
USTEDES / ELLAS	LAS	LES (se)	USTEDES / ELLAS

2 Ayuda a Dani a escribir correctamente su diario

Lee este texto y completa los espacios en blanco con un pronombre.

Jueves, 15 de octubre   *Diario de Dani Miranda*

Hoy es un buen día porque es fiesta y no hay clase. He quedado con Carlos y con Nacho para ir a dar una vuelta en bici. La bici me ___ deja Igor, porque la mía ___ ___ he dejado a Chema y aún no me ___ ha devuelto.

Amelia viene con Aída para vernos. ¡A ver si no me pongo nervioso, porque esa chica me gusta mucho! Un día de estos voy a decír___ ___. ___ preguntaré si quiere salir con___ y ___ regalaré unas entradas para ir a un concierto. ¡Si ___compro anticipadas, me salen más baratas!

¡Ostras! ¡Aún tengo que terminar el trabajo de Música! Ni siquiera ___ he empezado, porque no sé ni por dónde coger___. Hay gente que ___ copia por Internet, pero a ___ me da miedo.

En fin, que como mañana no hay clase, a lo mejor ___ pido ayuda a mis amigos. Si ___ hacemos entre todos el trabajo, es menos y seguro que queda genial.

3 La reduplicación del objeto directo

Observa que a veces se repite el objeto directo para darle más énfasis.

Igor me deja la bici. → La bici me la deja Igor.

Transforma estas frases de la misma manera:

► En clase de Matemáticas, hago las raíces cuadradas muy rápido.

► Uso mucho la calculadora si tengo que hacer grandes sumas.

► No siempre puedo usar la impresora en mi escuela.

► Tengo el teclado de mi ordenador un poco viejo.

4 Verbos pronominales

Muchos verbos llevan pronombres con un valor reflexivo (*afeitarse*) o recíproco (*abrazarse*). Pero hay algunos verbos que, a veces, llevan estos pronombres sin estos valores.

Verbos de consumo o actividad mental	Verbos de movimiento
► Estos verbos, junto al pronombre, dan más énfasis a lo dicho, pero no cambia el significado. Solo se usan con un objeto directo. ***Se merienda*** *unos bocadillos increíbles.* ***Me leo*** *el Quijote en una semana.* *Los mayores* ***se creen*** *que lo saben todo.*	► Estos verbos, al llevar el pronombre, resaltan la procedencia. *Irse* y *marcharse* con el significado de *dejar un lugar* llevan siempre el pronombre. ***Me llevo*** *los libros para Pedro (de casa).* *¡****Te sales*** *de la cafetería y desapareces! (de aquí).* ***Me voy* / Me *marcho*** *ahora mismo (de aquí).*

Reflexiona y practica

5 Los problemas de Dani

A Daniel todo le sale mal y piensa que está *gafado*. Lee la lista de sus problemas y ayúdale dándole algún consejo.

Mira el ejemplo: *Amelia no me hace ni caso: Léete un manual de cómo conquistar a una chica en 10 días.*

irse	estudiarse
comerse	tomarse
leerse	marcharse
repasarse	imaginarse
llevarse	desayunarse
sacarse	comprarse
beberse	buscarse
cenarse	

✔ No se me ocurre nada para el trabajo de clase.

✔ Tengo siempre mucho sueño en clase.

✔ Me gustaría aprender gallego.

✔ Mi amigo Nacho se ha enfadado conmigo.

✔ El director me ha llamado para hablar conmigo en el despacho.

6 Algunos verbos que cambian de significado con los pronombres

Hay verbos que cambian de significado según lleven un pronombre o no, como *llamar-llamarse*. Aquí tienes algunos más. Relaciónalos con su significado. Después, escribe unas frases que te sirvan de ejemplo.

7 Ayuda a Dani a usar estos verbos

Completa el diario de Daniel con uno de estos verbos.

Acordar **Acordarse (de)**	**a.** recordar algo **b.** llegar a un acuerdo	
Parecer **Parecerse (a)**	**a.** tener una apariencia **b.** ser muy parecido a alguien	
Aprovechar **Aprovecharse (de)**	**a.** utilizar algo de manera útil **b.** sacar beneficio de alguien	
Pasar (por) **Pasarse**	**a.** excederse **b.** circular por un lugar	
Dormir **Dormirse**	**a.** acción de dormir **b.** empezar a dormir, quedarse dormido o llegar tarde por hacerlo	
Ocupar **Ocuparse (de)**	**a.** tratar un asunto **b.** estar en un lugar o un espacio	
Negar **Negarse (a)**	**a.** decir que no se quiere hacer algo **b.** decir que no a algo	
Quedar **Quedarse**	**a.** hacer una cita **b.** permanecer en un lugar	
Perder **Perderse**	**a.** no saber dónde estás o no poder hacer algo que te gusta **b.** no ganar en algo / no tener algo que tenías	
Encontrar **Encontrase (con)**	**a.** hallar algo que se busca **b.** hallar algo o a alguien sin buscarlo	

Lunes, 12 de noviembre
Diario de Dani Miranda

Ya les he dicho a mis padres que .... a ir a clase particular los fines de semana. Siempre .... el partido de fútbol del sábado y me gusta mucho verlos. Es que siempre .... con sus castigos. ¡Podían ponerme las clases particulares durante la semana!

Pues les he prometido estudiar más y aprobar los exámenes ¡Y que no voy a .... más en clase, aunque la lección de la profe de Filosofía sea un rollo y en su clase siempre me entre el sueño. Voy a .... cada minuto libre para estudiar y voy a .... con Carlos, para que me ayude. Bueno, creo que me voy a .... por la academia para cambiar el horario. Y lo voy a hacer a mi gusto. Si no se puede, ellos ...., porque me desapunto.

interactúa

¿Éxito o fracaso escolar ▶

1. ¿Cuáles crees que son las causas del fracaso escolar?

2. ¿Qué condiciones son necesarias para que un estudiante tenga éxito en sus estudios?

3. ¿Conoces alguna técnica de estudio?

3 LA EDUCACIÓN ESPAÑOLA

Crea con las palabras

¿De ciencias o de letras?

compás
microscopio
teclado
paleta
trabajo sobre...
láminas
redacción
embudo
tubo de ensayo
cartulinas
proyector
argumento
impresora
comentario de texto
balanza
personajes

1 En Bachillerato se elige entre varias ramas de estudio en las que predominan lo que se llama *asignaturas de Letras* (o de Humanidades) y *asignaturas de Ciencias*. Completa las fichas de las asignaturas con las palabras.

ASIGNATURA: Lengua
RAMA: ....
LUGAR: Aula
INSTRUMENTOS: ....

ASIGNATURA: ....
RAMA: Ciencias
LUGAR: Sala de informática
INSTRUMENTOS: ....

ASIGNATURA: ....
RAMA: ....
LUGAR: Aula y laboratorio
INSTRUMENTOS: Probeta, pinzas, ...

ASIGNATURA: ....
RAMA: ....
LUGAR: Aula
INSTRUMENTOS: Bloc de dibujo, ...

El diario de Dani

Hoy ha sido un mal día. La profe de Dibujo <u>me tiene manía</u>: estuvimos haciendo unos retratos, ¡<u>con lo mal que se me da</u>! No fui capaz de hacer nada... Entonces me dijo que, si no me esforzaba más, iba a <u>sacar un insuficiente</u>. Luego me riñó por hablar con Pablo, el *enchufado*, y me castigó a mí sin salir a la hora. Después, el *chivato* de David le dijo que yo no había hecho los deberes, y ella me dijo que por eso siempre sacaba en los exámenes un cero, y que ya podía hacer bien el trabajo que nos había mandado, porque si me salía tan mal como el de la evaluación pasada me iba a *catear*. ¡Y eso que decía Pepe que esa asignatura <u>era una maría</u>!

Luego el de *Mates* me sacó a la pizarra, y yo ni idea. Y para terminar el día, tuvimos un examen sorpresa en clase de Literatura, y yo que estaba enfadado por todo lo que me había pasado, me puse nervioso y <u>me quedé completamente en blanco</u>, por lo que no podía escribir ni una palabra... y el profesor no paraba de mirarnos por si estábamos copiando. Y encima la *pelota* de Blanca le dice que el examen era facilísimo... ¡Claro! ¡Como ella siempre lleva *chuletas* y se lo copia todo...!

2 Lee lo que ha escrito Dani y responde a las preguntas.

1. Decide el significado de las siguientes expresiones del texto:

Tener manía a alguien:
a. tenerle cariño
b. rehusar ayudarle
c. no caerle bien

Dársele a alguien mal algo:
a. no tener cualidades para algo
b. no gustarle algo a alguien

Sacar un insuficiente:
a. suspender
b. recibir un castigo
c. tomar medidas

Ser una maría (una asignatura):
a. ser muy difícil
b. ser muy buena
c. ser muy fácil de aprobar

quedarse en blanco:
a. equivocarse
b. perder temporalmente la memoria
c. suspender

2. Las palabras destacadas pertenecen al lenguaje estudiantil. Relaciónalas con estas definiciones.

▶ Llevar un papel pequeño y oculto con fórmulas u otros apuntes para usarlo disimuladamente en los exámenes.
▶ Suspender.
▶ El preferido del profesor.
▶ El que halaga al profesor o a un superior.
▶ El que informa a alguien con autoridad de una acción no aceptable cometida por otra persona.
▶ Matemáticas.

LA EDUCACIÓN ESPAÑOLA

Rueda de preguntas

Vamos a participar en un concurso. La clase se divide en 4 grupos: A, B, C y D. Cada grupo tiene que responder ordenadamente a las preguntas de la tabla, y recibirá por cada respuesta bien desarrollada 1 punto.

Hay un tiempo de preparación previo de 3 minutos para preparar cada pregunta. Pensad bien qué vais a decir y cómo lo vais a argumentar, pues ganar depende de ello.

Exprésate

Equipo A ✕

❶ El equipo D os hará una pregunta de vocabulario o gramática relacionada con la lección. Formulad una pregunta al equipo B.

❷ Exponed 3 razones convincentes a favor de los colegios privados.

❸ Citad dos diferencias entre el sistema educativo español y el de uno de vuestros países.

❹ Grupos A y B discuten durante 2 minutos.

A: «Las Letras son cruciales para el desarrollo de la persona, por tanto es necesario que se estudien».

❺ Defiende o ataca esta postura frente a los otros del grupo: «Es bueno estudiar en casa en lugar de estudiar en un centro educativo».

Equipo B ✕

❶ El equipo A os hará una pregunta de vocabulario o gramática relacionada con la lección. Formulad una pregunta al equipo C.

❷ Exponed 3 razones convincentes a favor de los colegios públicos.

❸ Citad dos cosas del sistema educativo español que os gusten, y explicad por qué.

❹ Grupos A y B discuten durante 2 minutos.

B: «Deberían estudiarse menos asignaturas de Letras porque no son tan útiles para la sociedad».

❺ Defiende o ataca esta postura frente a los otros del grupo: «Los problemas escolares de los estudiantes tienen su origen en sus hogares».

Equipo C

❶ El equipo B os hará una pregunta de vocabulario o gramática relacionada con la lección. Formulad una pregunta al equipo D.

❷ Exponed 3 razones convincentes a favor de llevar a los niños a una edad temprana a un centro educativo.

❸ Citad dos puntos en común entre el sistema educativo español y el de uno de vuestros países.

❹ Grupos C y D discuten durante 2 minutos.

C: «El profesor debe ser algo más que alguien que transmite conocimientos».

❺ Defiende o ataca esta postura frente a los otros del grupo: «Estudiar es fundamental para ejercer la libertad. Todos deberían hacerlo».

Equipo D ✕

❶ El equipo C os hará una pregunta de vocabulario o gramática relacionada con la lección. Formulad una pregunta al equipo A.

❷ Exponed 3 razones convincentes a favor de escolarizar a los niños a partir de los 6 años.

❸ Citad dos cosas del sistema educativo español que no os gusten, y explicad por qué.

❹ Grupos C y D discuten durante 2 minutos.

D: «El profesor tiene que dedicarse exclusivamente a dar conocimientos al alumno».

❺ Defiende o ataca esta postura frente a los otros del grupo: «Los contenidos de los estudios escolares deberían basarse más en la práctica que en la teoría».

Equipo	Total puntos
A	
B	
C	
D	

Debate

Vamos a desarrollar un debate con la pregunta 5 anterior. Participamos todos.

PREPÁRATE PARA ESTE TEMA

Para trabajar con este tema, revisa el léxico, comprueba las palabras que conoces, aprende las nuevas y realiza las actividades.

Etapas educativas

el Bachillerato	la Educación Primaria	la Licenciatura
el Doctorado	la Educación Secundaria	la Maestría
la Educación Infantil	la Formación Profesional	la Selectividad

1 Ordena las etapas educativas de menor a mayor.

Actividades de aprendizaje

analizar
aprobar / suspender
consultar un libro / una enciclopedia
corregir un examen / una redacción / un ejercicio
debatir
deducir
discutir un tema
educarse
enseñar
explicar un tema / una lección
formarse
hacer un comentario de texto / un esquema / una presentación

hacer una prueba (de nivel)
hacer una raíz cuadrada
hacer una síntesis
memorizar
pasar un curso
plantear / resolver una duda
presentarse a un examen
recordar, olvidar
redactar

reflexionar
relacionar
repetir curso
saber / estudiar de memoria
sacar buenas / malas notas
sacar conclusiones
sacar un insuficiente
seguir una regla
tomar notas / apuntes

2 Busca en la lista un sinónimo para los siguientes verbos.

a. Sacar un insuficiente.
b. Educarse.
c. Memorizar.
d. Enseñar.
e. Pasar un curso.

Centros e instituciones educativas

la administración
el aula*
el aula multimedia
el campus

el centro de recursos
el colegio bilingüe / religioso / laico
el colegio público / privado / concertado
la escuela superior

la guardería
el instituto
el laboratorio
la sala de informática
la secretaría

*Es una palabra femenina.

3 Completa las frases con el lugar donde se realizan las actividades que describen.

a. Esta mañana hemos hecho un experimento de química en el ....
b. El .... de mi universidad está en las afueras de la ciudad.
c. Yo estudié el bachillerato en el .... de mi pueblo.
d. Mis hijos va a un .... porque para mí son muy importantes los idiomas.
e. Como trabajamos los dos, dejamos a nuestra hija en una ....
f. ¿En qué .... es la clase de música?

En un *blog* de estudiantes, un grupo de amigos quiere formar un club de estudiantes. Describe cuál es tu asignatura preferida. Explica los motivos, qué haces o hacías cuando la cursabas, qué es lo que más te interesaba, etc.

Expresión escrita

Tema 4

LA MÚSICA POPULAR

La música es la voz de un pueblo, su forma de expresión artística; su ritmo, el latido de su ser. Conocer la música de una comunidad es conocer la expresión de sus sentimientos colectivos más profundos. Pero también es vivir el lado más festivo de su cultura y de su forma de ser.

▶ **Infórmate:** Los ritmos latinos

▶ **Reflexiona y practica:** Las oraciones comparativas y superlativas

▶ **Crea con las palabras:** Instrumentos musicales

▶ **Exprésate:** Tus gustos musicales y Organiza tu macroconcierto

Identifica el tipo de música que representa cada foto. Indica cuál es el lugar de procedencia. ¿Conoces a algún grupo o cantante que la represente? ¿Qué tipo de música prefieres? ¿Por qué?

LA MÚSICA POPULAR

▶ Infórmate

A EL FESTIVAL FOLK DE ORTIGUEIRA

Cada julio se organiza, desde hace más de veinticinco años, el festival de música folk de Ortigueira (Galicia). Observa las fotos y descríbelas. ¿Cómo te imaginas que es el festival de Ortigueira? Después, escucha el audio y comprueba si has acertado.

B VIVIENDO LA MÚSICA EN DIRECTO

Escucha de nuevo a Natalia contando su experiencia en el festival y responde a las preguntas.

1. ¿Qué tipo de música se escucha?
2. ¿Qué tipos de baile se pueden aprender?
3. ¿Dónde estuvieron alojados durante el concierto?
4. ¿Qué se puede hacer además de asistir a conciertos y bailar?
5. ¿De qué países son los cantantes o los grupos?
6. ¿Qué tipo de instrumentos se tocan?

C LA MÚSICA LATINA DE RECONOCIMIENTO UNIVERSAL

Aquí tienes un poco de información de algunos de los géneros musicales hispanos más conocidos. En grupos de 4, cada uno lee la información sobre uno de los bailes y la cuenta al resto del grupo. ¿Cuál conocíais ya? ¿Cuál os parece más interesante? ¿Sabéis bailar alguno?

La bachata

Es originaria de la República Dominicana. Se considera un híbrido con influencias musicales de origen africano y otros estilos latinos. En el pasado reciente, era considerada como música de las clases pobres. Pero a partir de los años 80, con la expansión de los medios de comunicación y del turismo, y con el esfuerzo de algunos compositores, como Juan Luis Guerra, cobró mucha fama.

La cumbia

Es un género musical y folclórico autóctono de Colombia y Panamá. Surge de la cultura musical aborigen y de los esclavos negros. Estos explicaban la historia de sus grupos étnicos con unos cantos llamados «areítos», que significa 'bailar cantando'. Se acompaña de flautas, cañas, tambores y maracas. En muchas ocasiones se baila con una vela encendida en la mano.

La salsa

Describe una mezcla de varios estilos de música cubana. La salsa no es un ritmo, sino un nombre comercial que se adoptó en Nueva York a principios de los años 70, para una serie de movimientos. «Salsa» significa 'aderezo' en español y popularmente se ha adoptado como una palabra asociada metafóricamente con el

sabor, la alegría y la fuerza de la vida. Musicalmente se la identifica con una gran colección de subgéneros y ritmos fundamentalmente cubanos, adoptando matices y acentos distintos en diversas partes del mundo de habla hispana. El término se ha usado por inmigrantes dominicanos y puertorriqueños en Nueva York para designar el *swing*.

El tango

Es un género musical y una danza característica nacida en los suburbios de Buenos Aires y Montevideo. La coreografía, diseñada a partir del abrazo de la pareja, y que a veces se ha definido como un «baile de piernas», es sumamente sensual y compleja. Las letras expresan la tristeza por el mal de amores. El tango es hijo directo del intenso mestizaje de Río de la Plata: los primeros tangueros eran de origen africano; el bandoneón (el tipo de acordeón que se utiliza) proviene de Alemania; su sensualidad deriva de su origen prostibulario; el argot del tango, el lunfardo, está plagado de expresiones italianas; y su ritmo lento y su clima nostálgico tienen un cercano parentesco con la habanera, tipo de canción proveniente de Cuba.

Infórmate

interactúa

Tú, la música y el baile ▶

¿Has participado alguna vez en un festival de música? ¿Te interesaría participar en alguno? ¿Por qué?

¿Crees que el baile puede ser una forma interesante de conocer gente nueva y de ligar?

Da tu opinión

🔊 ¿Cuál es la música popular de tu país y en qué consiste?

🔊 ¿Existe algún género propio?

🔊 ¿Qué instrumentos musicales se utilizan?

Ahora escoge, según el texto, la mejor alternativa:

Si quieres saber cómo se bailan:
http://www.telecable.es/personales/fauxbailafacil/

1. La bachata:
   a. Actualmente es considerada una música de clases poco adineradas.
   b. La gran difusión de los últimos tiempos le ha dado prestigio.

2. La cumbia:
   a. Tiene raíces prehistóricas.
   b. Se acompaña el baile con instrumentos de viento y percusión.

3. La salsa:
   a. Su nombre tiene su origen en los movimientos que se hacen al bailar.
   b. Es un género muy uniforme, con pocas variedades.

4. El tango:
   a. Este baile denota la procedencia inmigrante de los primeros compositores.
   b. La complejidad de su baile viene marcada por la rapidez del ritmo musical.

LA MÚSICA POPULAR

Reflexiona y practica

1 Las oraciones comparativas

Vamos a estudiar las oraciones comparativas, que admiten tres grados: igualdad, inferioridad y superioridad.

INFERIORIDAD	
Verbo + *menos* (+ adj./adv./nombre) + *que*...	*Salta (mucho) menos que tú. / Ella tiene (muchos) menos trajes que yo. / Llegó menos lejos que ella.*
Verbo + *menos de lo que*...	*Es (bastante) menos de lo que te pedí.*
***No* + verbo + *más de lo que*...**	*No entreno más de lo que tú lo haces.*
***Ser inferior a*...**	*Su improvisación es (muy) inferior a la de Joaquín.*
Con partitivos (*la mitad, dos veces menos*...)	*Es la mitad de rápido que el otro. / Tiene cuatro veces menos discos que tú.*

2 Compara los bailes

Habla de los bailes que conoces y, utilizando todas las estructuras comparativas, descríbelos. Aquí tienes 4 que puedes utilizar.

SUPERIORIDAD	
Verbo + *más* (+ adj./adv./nombre) + *que*...	*Bailo más que tú. / La samba es (mucho) más alegre que el vals. / Hay más canciones rancheras que habaneras.*
Verbo + *más de lo que*...	*He saltado más de lo que podía.*
***Ser superior a*...**	*El estilo de Sara Baras es muy superior en calidad a muchas otras bailaoras.*
Con partitivos (*el doble, tres veces más*...)	*El merengue es tres veces más complicado que el reggaeton.*

1. El tango

Estilo musical propio de Argentina y Uruguay. La coreografía es sensual y compleja. Las letras son tristes y referidas al amor.

IGUALDAD	
Verbo + *igual que*...	*Baila igual que tú.*
Verbo + *igual de* + adj./adv + *que*...	*Vas a bailarlo igual de bien que en el ensayo.*
Verbo + *tan* + adj./adv + *como*...	*Das vueltas tan rápido como Juan.*
Verbo + *tanto/a/os/as* + nombre + *como*...	*Tiene tanta elasticidad como cuando era adolescente.*
***No* + verbo + *ni más ni menos de lo que*...**	*No salgo ni más ni menos de lo que sales tú.*

2. La sardana

Danza de grupo y en círculo que se baila en Cataluña. Los participantes se dan las manos alternando hombre y mujer. Las canciones no tienen letra.

3. La bulería

Es un estilo en el que la improvisación es importantísima. El taconeo y los movimientos de brazos del bailarín son la base de este baile andaluz.

4. El pasodoble

Baile típicamente español, en el que el hombre se convierte en torero y la mujer en su capa. Su música se escucha en todas las verbenas y fiestas populares.

En la bulería, la improvisación es mayor que en el pasodoble.

Pues el pasodoble es tres veces más popular en España que el tango.

3 Los superlativos

Observa que otra manera de formar un superlativo es añadiendo al adjetivo, adverbio y, excepcionalmente, al nombre (*campeonísimo, amiguísimo*) el sufijo *-ísimo/a*. Mira los ejemplos y completa el cuadro deduciendo la regla.

Reflexiona y practica

SUPERLATIVOS				
Grupo 1	acaban en vocal		Listo ▶ list**ísimo** Mucha ▶ .... Pedante ▶	
Grupo 2	acaban en *-ble*		Amable ▶ amab**ilísimo/a** Responsable ▶	
Grupo 3	acaban en consonante		Ágil ▶ agil**ísimo/a** Veloz ▶ veloc**ísimo/a** Popular ▶	
Grupo 4	acaban en *-n* u *-or*	añaden c	Brivón/a ▶ brivon**císimo/a** Mayor ▶	

*Con estos adjetivos/adverbios no se admite *muy*: «~~muy~~ amiguísimo».

4 Sara Baras, una bailaora famosísima

Sustituye las palabras con *muy* de esta descripción por palabras terminadas con este sufijo, teniendo en cuenta que el abuso de este recurso resulta poco natural.

> «Hace tiempo vi Carmen, *obra muy popular de Merimée, interpretada por la compañía de Sara Baras. La obra me pareció muy visual y la interpretación muy apasionada. Trata de la historia de amor entre una gitana muy guapa, Carmen, y un soldado, José, muy sensible y hablador, que acaba muy enamorado de ella. Ese amor fatal le llevará a desertar y convertirse en un bandolero. La interpretación de Sara Baras es muy buena, llena de fuerza y...»*

5 Otros superlativos coloquiales

Lee este breve texto para ver qué otras formas de crear superlativos se usan en español.

> Este bailaor es archiconocido en España. Y es que es requeteguapo... ¡Monísimo! Tiene unos ojos supergrandes, almendrados.... Pero sus fans creo que lo están sobrevalorando, pues tampoco es que sea tan bueno... ¡Pero, claro, como es un chico tan extrafino!

Transforma las palabras del cuadro utilizándolas en frases con prefijos superlativos como en el texto anterior.

* *-extra* y *-sobre*, además, tienen otros significados: 'sobrevolar', 'extraescolar', etc.

Educado	....
Largo	....
Loco	....
Malo	....
Millonario	....
Resistente	....

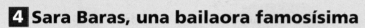

Crea con las palabras

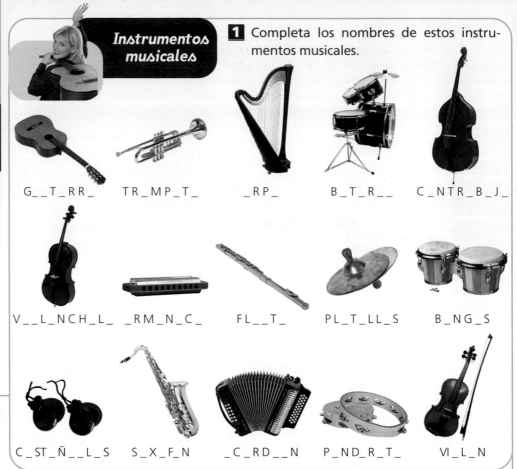

Instrumentos musicales

1 Completa los nombres de estos instrumentos musicales.

G _ _ T _ R R _   TR _ MP _ T _   _ R P _   B _ T _ R _ _   C _ N T R _ B _ J _

V _ _ L _ NCH _ L _   _ R M _ N _ C _   FL _ _ T _   P L _ T _ LL _ S   B _ N G _ S

C _ ST _ Ñ _ _ L _ S   S _ X _ F _ N   _ C _ R D _ _ N   P _ ND _ R _ T _   VI _ L _ N

2 Los instrumentos musicales se clasifican en tres grandes grupos.

Clasifica los instrumentos anteriores.

3 Completa los textos siguientes con las palabras de los globos.

CUERDA	VIENTO	PERCUSIÓN
....	....	....
....	....	....
....	....	....
....	....	....
....	....	....

MÚSICA DE CÁMARA

Música compuesta para un pequeño grupo de instrumentos (de 2 a 5) que se toca en una ....

Los instrumentos utilizados son normalmente de cuerda, entre los que puede incluirse un ....

Cada .... toca una parte diferente, que .... siguiendo una ....
....

No hay ...., por lo que los músicos están situados de tal manera que puedan mirarse entre sí y coordinarse.

piano   músico
partitura interpreta
director habitación

pueblo   cultura
notas   compases
folclórica grabaciones

MÚSICA TRADICIONAL

También llamada ....

Es la música cuyas .... se han transmitido de generación en generación de manera oral, aunque muchas de ella se conservan en .... actualmente.

Sus ritmos, con sus diferentes ....
y armonías, transmiten los valores y la ....
.... de un ....

Las interpretaciones musicales algunas veces se acompañan de danzas tradicionales también.

Acuerdos

¿Recuerdas para qué utilizamos estas formas?

a. Ordenar información.
b. Aconsejar.
c. Pedir información.

Te aconsejo que + presente de subjuntivo
Te desaconsejo que + presente de subjuntivo

Exprésate

Yo de ti, + condicional (yo)
Yo que tú, + condicional (yo)
Si yo fuera tú, + condicional (yo)

Lo primero es que + presente de subjuntivo
Lo segundo, es
Lo último, es   + infinitivo

¿Podrías decirme…
¿Sabes cuánto/dónde/cuándo…
Me gustaría saber…

Primero, …
Después, …
Finalmente, …

Proyecto

Macroconcierto

Vamos a dividir la clase en dos grupos, que a su vez se dividirán en parejas.

Grupo 1 - CLIENTES

Cada pareja planea asistir a un macroconcierto de tres días. Tenéis que pensar en las cosas que queréis hacer y qué información necesitáis. Podéis seguir las siguientes sugerencias. (5 minutos)

SUGERENCIAS (clientes)

► ¿Qué tipo de música os gustaría escuchar?
► ¿En qué tipo de talleres participaríais?
► Entradas (cómo conseguirlas y precio).
► Comida y bebida de los 3 días, y alojamiento.
► Previsión meteorológica.
► Puntos turísticos interesantes en la zona.
► ¿Qué ver o hacer entre concierto y concierto?
► Seguridad y atención sanitaria.
► Actividades interesantes que pueden realizar.

Grupo 2 - ORGANIZADORES

Cada pareja organizará un macroconcierto de 3 días, y deberá seguir las pautas siguientes. (5 minutos)

SUGERENCIAS (organizadores)

► Tipo de concierto: grupos que asistirán, instrumentos necesarios…
► Entradas (venta anticipada o en taquilla y precio).
► Facilidades de transporte (abonos, autobuses especiales, zona de aparcamiento…) y alojamiento.
► Localización del concierto.
► Servicios que se ofrecen: puestos de comida, de venta de «merchandising».
► Talleres para aprender música u otras actividades «gancho».

PERO DEBERÁN INCLUIR 2 DE LOS SIGUIENTES INCONVENIENTES

► Precio muy alto.
► Pronóstico de lluvias.
► En la cumbre de una montaña, alejado de la ciudad.
► No se permite acampar en la zona.
► No hay supermercados ni tiendas en la zona.

Ahora, cada pareja de clientes pasará por las mesas de las parejas de los organizadores para pedir información de lo que ofrecen. Deberéis poner objeciones cuando algo no os guste. Los organizadores deberán ofrecer información a los clientes que pasen por sus mesas, tratando de poner solución a las objeciones y de convencerles para que elijan su macroconcierto.

Después de ver todas las ofertas, se expondrá a qué concierto iría cada pareja y por qué. Finalmente, se decidirá qué pareja es la mejor organizando eventos.

PREPÁRATE PARA ESTE TEMA

Para trabajar con este tema, revisa el léxico, comprueba las palabras que conoces, aprende las nuevas y realiza las actividades.

Los instrumentos musicales

el acordeón	la flauta	los platillos
la armónica	la guitarra	el saxofón
el arpa*	el instrumento de cuerda	el tambor
la batería	el instrumento de percusión	el trombón
el bongo	el instrumento de viento	la trompeta
las castañuelas	el órgano	el violín
el clarinete	la pandereta	el violonchelo
el contrabajo	el piano	el xilófono

*Es una palabra femenina.

1 Indica un instrumento para cada tipo.

▶ Instrumentos de cuerda: ....

▶ Instrumentos de percusión: ....

▶ Instrumentos de viento: ....

Estilos musicales

barroco/a	moderno/a	religioso/a
clásico/a	música de cámara	*rock*
danza clásica	música disco	salsa
danza contemporánea	ópera	sinfonía
flamenco	pop	tango
folclórico/a	popular	*thecno*
jazz	rap	tradicional

2 Localiza tres estilos musicales originarios del mundo hispano.

Expresión escrita

Describe un instrumento musical característico de tu país o muy utilizado en la música popular de tu zona. Explica cómo es, qué tipo de música se toca con él, etc. ¿Te gusta su sonido?

Tema 5

LA POLÍTICA ESPAÑOLA

Todas las personas, en cuanto a miembros de una sociedad y en cuanto a individuos que opinamos sobre nuestro entorno, somos seres políticos. La ideología está en todo lo que hacemos. Conocer la opinión de los políticos y de los dignatarios nos ayudará a saber a quién elegimos y a defender nuestros derechos.

> **Infórmate:** Los partidos políticos españoles

> **Reflexiona y practica:** Oraciones temporales en presente

> **Crea con las palabras:** El lenguaje político

> **Exprésate:** Conversaciones cara a cara

¿Podrías organizar los partidos según su ideología? ¿Sabrías indicar el nombre de algún político?

LA POLÍTICA ESPAÑOLA

A LOS PARTIDOS POLÍTICOS ESPAÑOLES

Observa los logotipos de los principales partidos españoles y lee la descripción de cada uno. Después, responde a las preguntas.

Infórmate

1

(Partido Socialista Obrero Español) gobernó España desde 1982 hasta 1996, con Felipe González. En 2004 recuperó el gobierno bajo el liderato de José Luis Rodríguez Zapatero. Su política se ha centrado en la mejora de los derechos civiles, una sociedad laica, la igualdad (especialmente de sexos) y el desarrollo del modelo territorial español a través de amplias reformas de los estatutos de las comunidades autónomas.

2

partido popular

(Partido Popular) es un partido de centro derecha, definido por ellos mismos como de centro reformista. Ganó las elecciones generales en 1996 bajo el mandato de José María Aznar y gobernaron durante 8 años. Su líder actual es Mariano Rajoy. Defienden la economía de mercado, la religión católica, la familia tradicional y la unidad de España como nación.

3

(Esquerra Republicana de Catalunya) es un partido de Cataluña, que tuvo un importante papel durante la lucha contra la dictadura de Franco y la transición a la democracia. Cuenta actualmente con unos 10.000 militantes. Se declara de izquierdas, favorable a la República y a la independencia.

4

(Euzco Alderdi Jeltzalea-Partido Nacionalista Vasco) partido activo en el País Vasco y en Navarra. Presidió el Gobierno vasco desde que se instauró la democracia hasta las últimas elecciones autonómicas, en las que perdió a favor del PSOE. Es un partido nacionalista, de centro e independentista, con una política conservadora moderada.

5

(Izquierda Unida) es una coalición que se formó en la Transición con partidos anarquistas, socialistas y comunistas. En los últimos tiempos van muchas veces unidos a los Verdes. Actualmente pretende juntar a todos los colectivos, personas y partidos que se reivindiquen de la izquierda transformadora y emancipadora del ser humano. Persigue una sociedad laica y centrada en la igualdad, teniendo siempre presente los intereses de la clase trabajadora.

6

convergència i unió

(Convergencia i Unió) es una federación de partidos nacionalistas de Cataluña integrada por Convergència Democràtica de Catalunya, de ideología liberal, y Unió Democràtica de Catalunya, de ideología demócrata cristiana o socialcristiana. Gobernó Cataluña desde 1980 hasta 2003 bajo la presidencia de Jordi Pujol. Su ideología es conservadora, moderada y nacionalista.

▶ ¿Qué partido está formado por una unión de partidos de izquierdas?

▶ ¿Qué partido ha estado gobernando durante más tiempo?

▶ ¿Qué partido se relaciona en la actualidad con partidos ecologistas?

▶ ¿Qué partidos tienen ideologías nacionalistas? ¿Qué otras ideologías se mencionan?

CONGRESO DE LOS DIPUTADOS

B DOS PARTIDOS MUY DIFERENTES CON HISTORIAS PARECIDAS

 Escucha la audición y responde.

Infórmate

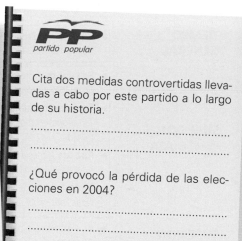

PSOE

Cita dos medidas controvertidas llevadas a cabo por este partido a lo largo de su historia.

....

....

¿Qué provocó la pérdida de las elecciones en 1996?

....

....

PP partido popular

Cita dos medidas controvertidas llevadas a cabo por este partido a lo largo de su historia.

....

....

¿Qué provocó la pérdida de las elecciones en 2004?

....

....

C GOBIERNOS AUTONÓMICOS Y COMPETENCIAS

Ya sabes que España está dividida en comunidades autónomas. Lee el siguiente texto que habla de sus competencias y funcionamiento. Después, relaciona las palabras en negrita del texto con las definiciones propuestas más abajo.

Las **comunidades autónomas** están dotadas de autonomía legislativa (pueden hacer sus propias leyes) y competencias ejecutivas (pueden tomar sus propias decisiones), así como de la facultad de administrarse mediante sus propios representantes. Tienen un gobierno propio, y pueden disponer de organismos administrativos.

Cada una tiene su **estatuto de autonomía**, en donde se recogen, entre otras cosas, la organización y sede de las instituciones autónomas y las competencias que tienen, es decir, aquellas cosas sobre las que pueden actuar. Con este sistema, las comunidades autónomas tienen una importante autonomía política, al mismo tiempo que se conserva el carácter unitario del Estado.

Cada comunidad autónoma está dividida en una o más **provincias**, y cada provincia, a su vez, se divide en **municipios**, con su propio sistema administrativo, que controla un ayuntamiento.

▶ Documento en el que se recogen las competencias que asume una comunidad autónoma.

▶ Conjunto de habitantes de un territorio administrado por un ayuntamiento.

▶ Divisiones territoriales determinadas por la agrupación de municipios, dependientes del gobierno autonómico al que pertenecen.

▶ Entidad territorial que, dentro del ordenamiento constitucional del Estado español, está dotada de autonomía legislativa y competencias ejecutivas, así como de la facultad de administrarse mediante sus propios representantes.

Da tu opinión

🔊 ¿Qué sistema de gobierno hay en tu país? ¿Cómo se elige al presidente? ¿Cuándo son las elecciones?

🔊 ¿Qué partidos políticos hay en tu país? ¿Cuáles son sus principales líderes? ¿Qué ideología y qué diferencias hay entre ellos?

LA POLÍTICA ESPAÑOLA

Reflexiona y practica

1 Construcciones temporales

Cuando hablamos del presente y cuando contamos cosas que hacemos habitualmente, usamos el presente de indicativo.

Cuando voto, tengo que llevar una identificación.

TIEMPO GENERAL	▶ **Cuando** + presente de indicativo + presente de indicativo *Cuando hay elecciones, los políticos hacen campañas electorales.*
SUCESIÓN INMEDIATA	▶ **En cuanto** + presente de indicativo + presente de indicativo *En cuanto empiezan las campañas políticas, todos explican sus programas.* ▶ **Tan pronto (como)** + presente de indicativo + presente de indicativo *Tan pronto (como) se conocen los resultados, todos los partidos hacen sus valoraciones.* ▶ **Apenas** + presente de indicativo + presente de indicativo *Apenas se saben los resultados electorales, los candidatos hacen ruedas de prensa.* ▶ **Nada más** + infinitivo + presente de indicativo *Nada más saber si tienen mayoría o no, empiezan los pactos entre partidos.*
SUCESIÓN	▶ **Al** + infinitivo + presente de indicativo *Al conocer los resultados, todos se felicitan.*
SUCESIÓN HABITUAL	▶ **Siempre que** + presente de indicativo + presente de indicativo *Siempre que hay problemas, intenta encontrar una solución.* ▶ **Cada vez que** + presente de indicativo + presente de indicativo *Cada vez que aparece en público, lo ves hablando con un ciudadano.*
LÍMITE FINAL	▶ **Hasta que** + presente de indicativo + presente de indicativo *Hasta que no se conoce el número de votos obtenidos por cada partido, la oposición no se considera perdedora.* ▶ **Hasta** + infinitivo + presente de indicativo *Hasta no tener el número exacto de votos, la oposición no se considera perdedora.* * Si *hasta* aparece al principio de frase, suele ir seguida de la negación, que se repite al principio de la segunda frase. Pero si aparece al final, no es necesario. *Hasta que no tenemos los resultados, no podemos cantar victoria. / La campaña electoral dura hasta que llega la jornada de reflexión.*
LÍMITE INICIAL	▶ **Desde que** + presente de indicativo + presente de indicativo *Desde que empieza la campaña electoral, los ciudadanos reciben mucha propaganda política en sus casas.*
SIMULTANEIDAD	▶ **Mientras** + presente de indicativo + presente de indicativo *Mientras hay campaña electoral, los políticos hacen muchas apariciones públicas para ganar la confianza de los electores.*

Antes de…/ después de… // antes de que… / después de que…

¡Infinitivo y subjuntivo!

ANTERIORIDAD	▶ **Antes de** + infinitivo + presente de indicativo (mismo sujeto) *Antes de conocer los resultados finales, los candidatos llaman a sus sedes.* ▶ **Antes de que** + presente de subjuntivo + presente de indicativo (sujetos diferentes) *Antes de que su equipo se reúna con él, el candidato analiza la situación.*
POSTERIORIDAD	▶ **Después de** + infinitivo + presente de indicativo (mismo sujeto) *Después de ganar las elecciones, el candidato se reúne con su equipo.* ▶ **Después de que** + presente de subjuntivo + presente de indicativo (sujetos diferentes) *Después de que los resultados se hagan públicos, los candidatos deben estar disponibles para la prensa.*

2 La vida de una candidata

Una alcaldesa habla con una amiga de lo que suele suceder antes y después de las elecciones. Completa los espacios en blanco con el verbo entre paréntesis en la forma adecuada.

Reflexiona y practica

Para ganar unas elecciones es necesario trabajar duro. Por ejemplo, cada vez que .... (tener) que dar un discurso, lo preparo concienzudamente. Y a pesar de eso, antes de que .... (llegar) el momento de subir al estrado, hago siempre unas cuantas respiraciones profundas para relajarme, porque me pongo muy nerviosa. Hay una cosa que debe quedarles clara a nuestros seguidores: «Mientras los políticos de la oposición solo .... (hacer) promesas, nosotros trabajamos para que las cosas salgan adelante». Desde que .... (empezar) la campaña hasta que .... (terminar) tengo muchísimo cuidado de dar una buena imagen. Y el día de las elecciones, desde que .... (levantarse) hasta que .... (acostarse) estoy temblando. Por eso, después de .... (saber) el resultado, sea favorable o no, descanso. Ahora sí, si ganamos, nada más .... (conocer) los resultados, lo celebramos por todo lo alto. Y después de que todo .... (estar) preparado, damos una rueda de prensa.

3 Una conciencia medioambiental y criticable

Lee y completa.

1. Si veo a alguien que va a tirar un papel al suelo, antes de que lo .... (hacer), me acerco y le pido que se lo piense mejor.

2. Me pongo negro siempre que .... (oír) el agua del grifo del vecino correr porque la deja abierta mientras .... (fregar) los platos.

3. Me molestan los que, después de .... (sacudir) la alfombra por la ventana, miran a ver si te ha caído algo en la cabeza y entonces se esconden corriendo, por si les denuncias.

4. Yo, cada vez que .... (encontrarse) con algo así, no me callo.

5. Después de .... (decir) las cosas educadamente, hay que tomar medidas más drásticas.

6. Antes de que alguien .... (decidir) no reciclar… que se lo piense dos veces.

interactúa

Características de un líder

1. Algunos estudios afirman que un líder político debe reunir las siguientes características:
   ▶ Debe respetar a sus ciudadanos y cubrir sus necesidades para que vivan dignamente y con calidad de vida.
   ▶ Debe ser humano, objetivo y receptivo con sus conciudadanos.
   ▶ Debe tener integridad y autodisciplina. Debe ser veraz y coherente; debe tener credibilidad.
   ▶ Debe saber rodearse de gente válida que le ayude.

2. ¿Crees que siempre son así? Piensa en lo que hacen los políticos habitualmente en estas situaciones y escríbelo usando las estructuras temporales vistas.

   Pues siempre que hay elecciones, los políticos…

> cuando se acercan las elecciones
> cuando tienen a la prensa cerca
> cuando pierden votos
> cuando se ven metidos en algún escándalo
> cuando llevan muchos años en el poder
> cuando se reúnen con líderes de otros países

5 LA POLÍTICA ESPAÑOLA

TEMA

Crea con las palabras

El lenguaje político

1 Lee lo que dice esta persona a alguien que va a votar por primera vez, y fíjate en las palabras en negrita. Luego, clasifícalas en las casillas de abajo.

Ahora que ya **han convocado las elecciones**, ve al ayuntamiento a comprobar si estás en el **censo electoral**, porque si no estás y no lo dices para que lo cambien, no vas a poder votar.

No te sientas confundido por lo que escuches, porque estamos en plena **campaña electoral** y todos quieren ganar tu voto con su **programa**.

Si no lo tienes claro, puedes **votar en blanco**. También podrías no **ir a votar**, como hacen muchos electores, aunque si la tasa de participación es baja y hay mucho absentismo, eso no es bueno para el país.

Para aclararte más, vete a los **mítines** que dan los candidatos de cada partido, a ver cuál te gusta más. También puedes ver los **debates electorales** que ponen por la tele, donde los **candidatos** de cada partido discuten. Pero date cuenta de que el día antes de las elecciones es la **jornada de reflexión** y los políticos no pueden hacer propaganda.

Los partidos hacen **sondeos electorales** para saber más o menos cuánta gente los va a votar, aunque puede haber sorpresas.

Y por lo demás, como me ha tocado ser **presidenta de la mesa electoral** el día de las elecciones, no te preocupes, yo te muestro las **papeletas** y la **urna**. Es necesario estar allí comprobando que los votantes están en la **lista electoral** y que no votan dos veces. A las 20:00, cuando se cierran los **colegios electorales**, nos quedamos allí haciendo el **recuento de votos**. ¡Ah! Y luego están los **votos por correo** de los que están fuera.

¡A ver quién **gana por mayoría**! Porque si no tienen suficientes votos, a veces hacen **pactos** con otros partidos para formar una **coalición**.

ANTES DE LAS ELECCIONES	ELEMENTOS / PERSONAS DURANTE LA VOTACIÓN

DESPUÉS DE LAS ELECCIONES

2 Contesta:

▶ ¿Qué tipos de votos se mencionan en el texto?

▶ ¿Qué hacen los políticos para dar a conocer su programa antes de las elecciones?

▶ ¿Qué puede ocurrir una vez finalizadas las elecciones y después del recuento de votos?

3 Unos periodistas hacen algunas preguntas al presidente electo, pero se han hecho un lío con el vocabulario. Completa los espacios en blanco con una palabra de las vistas anteriormente y di qué significan las palabras en negrita.

interactúa

Las elecciones a debate ▶

Contesta a las preguntas que le hicieron al presidente dando tu opinión.

En una rueda de prensa afirmó que recortaría el dinero destinado a la educación debido a la crisis, algo que iba totalmente en contra de su p......................... electoral. Se están preparando **huelgas** y **manifestaciones** como reacción, apoyadas por los **sindicatos**. ¿Opina que una protesta de este tipo puede hacer que un gobierno cambie su política? Si es necesario, una reducción en los **presupuestos** del Estado, ¿qué sector considera intocable: educación, sanidad, defensa, **infraestructuras**...?

El primer s......................... electoral les daba a ustedes como perdedores. En un d......................... electoral que hubo el día antes a la j......................... de reflexión, en televisión, usted insistió mucho en la necesidad de un cambio. ¿Cree que los debates televisivos ayudan a los electores a decidir a quién votar?

El voto en b......................... ha aumentado en gran medida en las últimas elecciones. ¿Piensa que la población, especialmente la joven, está desencantada de la política? ¿Puede un gobierno gobernar en **minoría**?

En el habla coloquial se utilizan muchas técnicas para pedir el turno de habla, para cambiar el tema de conversación o finalizarla, para matizar lo que acabamos de decir o para reafirmarlo, etc. Vamos a trabajar con los valores de «bueno» y «pero».

1. Escucha la audición y ordena las siguientes oraciones según su orden de aparición. Después, vuelve a escucharla y lee las oraciones en voz alta imitando la entonación.

Exprésate

- ☐ *Bueno, ¿y qué tal si nos vamos yendo? que se hace tarde* (para cambiar de tema; también para «tomar» el turno para hablar)
- ☐ *¡Ya! ¡Bueno…! ¡Haz lo que tú veas!* (para mostrar desacuerdo parcial)
- ☐ *Pues nada, bueno, que oye, que nos hace falta gente para las candidaturas* (para empezar a hablar; a veces para sacar un tema difícil)
- ☐ *¡Bueeeno! ¡Bueeeno…! ¡En fin!* (para mostrar desacuerdo o que algo no ha salido bien)
- ☐ *y… bueno… pues que me quería presentar, para ascender…* (como mero enlace, para unir oraciones)
- ☐ *…para ser la encargada del personal administrativo, bueno, para ser la jefa de sección* (para reformular cosas que acabamos de decir, añadiendo detalles o corrigiéndolas)
- ☐ *¡Buenoooo! ¡Sí! ¡Un Picasso, tenemos aquí…!* (irónico, para expresar que la opinión del otro es exagerada)

2. Vamos a ver ahora los valores de «pero». Escucha la audición y relaciona estas oraciones con los usos.

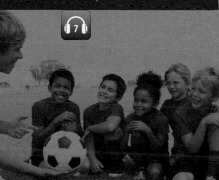

1. Pero ¿a qué hora es el mitin?
2. ¡Anda, anda! ¡Pero mira que eres listo!
3. ¿Pero tú no tenías que llevar a tu hijo a un partido de fútbol, o algo así?
4. ¿Pero qué pasa? ¿Que todo me toca a mí ahora? ¿Pero qué te crees, oye?
5. Peroooo…
6. ¡Pero si es que además es un rollo!
7. ¡Pero una cosa! ¡La próxima vez te toca a ti!

a. Muestra desacuerdo o protesta por algo.
b. Cuando se alarga la *o* con una entonación descendente, el desacuerdo es absoluto.
c. Pide información (a veces *robando el turno*).
d. Añade un inconveniente a lo dicho.
e. Como mero enlace.
f. Para iniciar una advertencia.

Debate

Ahora, en grupos de 3 ó 4 personas, crea diálogos en los que se recojan algunas de estas técnicas, y represéntalos en la clase. Después, usadlas para hablar sobre los siguientes tópicos:

▶ Es mejor no votar.
▶ El que «pasa» de política no entiende la vida.
▶ El sistema económico imperante desfavorece a los más pobres.
▶ Todo iría mejor si hubiera más mujeres en el poder.

PREPÁRATE PARA ESTE TEMA

Para trabajar con este tema, revisa el léxico, comprueba las palabras que conoces, aprende las nuevas y realiza las actividades.

Elecciones

la abstención
abstenerse
el calendario electoral
la campaña electoral
el / la candidato/a
el censo electoral
el colegio electoral
el compromiso
convocar elecciones
el debate electoral
el discurso
las elecciones autonómicas / generales / municipales
el / la elector/-a
ganar las elecciones
hacer campaña
la jornada de reflexión electoral
la lista electoral

la mesa electoral
el mitin
la papeleta
perder las elecciones
el periodo electoral
presentarse a
el programa electoral
la promesa
la propaganda
el recuento de votos
el referéndum
el sondeo electoral
la tasa de participación
la urna
el / la votante
votar (en blanco / nulo)

1 Clasifica las palabras con respecto a con quién están relacionadas.

   a. Los votantes, la sociedad.

   b. Los ayuntamientos y organismos oficiales.

   c. Los partidos políticos y candidatos.

2 Completa las frases con la palabra adecuada.

   a. En el .... televisado, los dos candidatos más importantes discutieron sus .... electorales, pero ninguno convenció.

   b. El último .... electoral antes de las elecciones de mañana indica que el .... ganador será Ataulfo López.

   c. Tras las elecciones, el .... de votos indica que hay muchos votos .... es decir, no válidos, con los que los .... han mostrado su disgusto con los políticos actuales.

   d. En los comicios locales la .... ha sido muy grande, ya que la .... de participación no llega al 45%.

   e. Como ya estamos muy cerca de finalizar la .... electoral, en los mítines los políticos se muestran muy agresivos y hacen muchas ....

   f. Los .... electorales abrieron a las 8:30, pero tuvo que cerrarse el de Cercedilla durante una hora, pues no había .... del partido de la oposición. A las 10:00 se reanudó la .... electoral.

Expresión escrita

Imagina que eres un periodista que escribe sobre las últimas elecciones que han ocurrido en tu región. Crea una noticia, organiza lo que vas a decir y escribe la noticia para la prensa escrita. No olvides poner un gran titular.

Tema 6

VIAJES CON ENCANTO

Viajar es mucho más que estar en otros lugares, es salir de lo propio y acercarse a lo ajeno; es descubrir otros paisajes, otras caras, otras culturas, otras formas de vida; es abrir las fronteras de tu propia realidad. De los destinos turísticos, España, México y Argentina son los países hispanos más visitados.

- ▶ **Infórmate:** Viajes con encanto en tren
- ▶ **Reflexiona y practica:** Contraste de pasados: imperfecto / indefinido
- ▶ **Crea con las palabras:** Los transportes
- ▶ **Exprésate:** Anécdotas

Aquí tienes algunas formas de viajar y algunas palabras relacionadas con ellas. Indica cuál corresponde a cada medio de transporte. Ten en cuenta que algunas pueden utilizarse en varios medios.

1. en tren	**2.** en barco	**3.** en avión	**4.** en autobús	**5.** en coche

vehículos	partes y elementos	vehículos	lugares relacionados	vehículos	personas relacionadas	vehículos	verbos relacionados
	cinturón		garaje		azafata		hacer transbordo
	maletero		vía		revisor		hacer escala
	cubierta		gasolinera		tripulación		facturar maletas
	vagón		mostrador		chófer		arrancar
	litera		peaje		conductor		frenar
	compartimento		taller		mecánico		acelerar
	ventanilla		sala de espera		piloto		aparcar
	pasillo		aparcamiento		capitán		adelantar
	salvavidas		andén		camarero		despegar
							aterrizar
							averiarse
							retrasarse

TAJ MAHAL- INDIA

VIAJES CON ENCANTO

A VIAJAR EN TREN

Los trenes han sido uno de los medios de transporte preferidos por los grandes viajeros del pasado y, hoy en día, algunos de ellos forman parte del patrimonio histórico de muchos países. Contesta a las siguientes preguntas:

▶ ¿Conoces algún tren famoso?

▶ ¿Cómo te imaginas los trenes de principios del siglo XIX?

▶ ¿Cómo crees que sería viajar en ellos?

Infórmate

B TRES RUTAS EN TREN CON ENCANTO

Escucha ahora esta audición y contesta a las siguientes preguntas.

El tren de la fresa

1. ¿Cuándo puedes viajar en este tren?
2. ¿Qué lo caracteriza?
3. ¿Cuánto dura el recorrido?
4. ¿Qué puedes visitar cuando llegas a Aranjuez?
5. ¿Qué te ofrecen las azafatas en el viaje?

El transcantábrico

1. ¿Qué zona de España recorre?
2. ¿Cuántos días dura?
3. ¿Cómo es el tren?
4. ¿Qué comodidades incluyen los camarotes?
5. ¿Dónde pueden relajarse los viajeros durante el trayecto?

El tren de Cervantes

1. ¿Quién recibe a los viajeros del tren de Cervantes?
2. ¿Qué personajes te puedes encontrar en el tren?
3. ¿Qué quiere encontrar Don Quijote?
4. ¿Qué les ocurre a los viajeros durante el viaje?
5. ¿Qué reciben de las azafatas?

C EL TREN A LAS NUBES

Lee este texto y pon el encabezamiento adecuado a cada párrafo.

Infórmate

a. Las dos grandes atracciones del recorrido.

b. Una maravilla de la ingeniería argentina que deja sin aliento al viajero.

c. Amenizar el viaje es importante para vencer la gran cantidad de kilómetros recorridos.

d. El mal de altura puede afectar a algunos pasajeros.

e. Un final de viaje esperado con ansia.

1 ◯ El Tren a las Nubes argentino es una leyenda a nivel mundial, y no es para menos. Sus obras de ingeniería, que permitieron vencer los relieves y la altura, son abrumadoras y sin igual en el mundo. Basta con los datos acerca de su construcción y recorrido para sufrir vértigo, aún más que el que produce la altura a la cual se llega: en 435 kilómetros, sube desde los 1.187 metros sobre el nivel del mar hasta los 4.186, pasa por dos zigzags y por dos rulos (los rieles forman círculos completos), por 13 viaductos y otros tantos túneles.

3 ◯ Siguiendo el camino, nos encontramos con los zigzags, que consisten en una suerte de z que las vías dibujan en el flanco de la montaña. En una misma estación el tren avanza, después anda hacia atrás y avanza de nuevo –siempre subiendo– para ganar unos 50 metros. El primer zigzag está en la estación del Alisal y el segundo, en Chorillos. En esos momentos el sol ya hace resplandecer las cumbres de las montañas. Después de los zigzags, otro momento esperado son los rulos. Las vías dibujan círculos completos y vuelven a pasar sobre sí mismas a varias decenas de metros de distancia en altura. Los rulos están una vez pasada la estación de Puerta Tastil, cuando ya se han superado los 3.000 metros.

5 ◯ El regreso en tren se hace al mismo ritmo de 35 km/h, y para amenizar el viaje conjuntos de músicos pasan de vagón en vagón cantando temas andinos. En este tramo del recorrido, la principal parada es San Antonio de los Cobres. En el pueblo, los habitantes de la zona se acercan a los turistas para vender sus productos y realizar un pequeño acto en el que se iza la bandera y se cantan canciones.

Texto adaptado de www.viajeros.com/diarios/argentina/tren-de-las-nubes-sobre-rieles-en-el-cielo

2 ◯ Muy temprano cada sábado, el tren sale de Salta (Argentina) para entregarse a un recorrido de más de 200 kilómetros que concluye en el viaducto La Polvorilla. Lentamente, el Tren a las Nubes va subiendo, pasando de estación en estación. Salvo para los muy sensibles, la altura no se siente demasiado, sobre todo si se toma la precaución de comer poco, tomar líquido y no moverse ni hablar demasiado.

4 ◯ El final del viaje llega en el viaducto de La Polvorilla. Se trata de un puente de metal que permite cruzar el cauce de piedras de un río inexistente, a más de 63 metros del suelo, a 4.200 metros sobre nivel del mar. Poco antes de llegar, el tren para en Mina Concordia, donde hay una vía abandonada, para cambiar de lugar la locomotora. Desde allí hasta que se emprende el regreso, esta pasa a la cola de la formación de vagones, empujándola desde atrás hasta llegar al viaducto. Con expectación, los pasajeros esperan la curva que rodea una imponente pared de roca, para ver aparecer el viaducto, cuyos pilares metálicos lo sostienen sobre el vacío.

interactúa

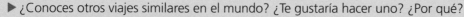

¿Cómo prefieres viajar ▶

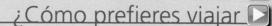

▶ ¿Conoces otros viajes similares en el mundo? ¿Te gustaría hacer uno? ¿Por qué?

▶ ¿Cuál es tu medio de transporte favorito? ¿Por qué?

Forma un grupo en tu clase con los compañeros que tienen tus mismos gustos y confecciona con ellos una lista de las ventajas de ese medio de transporte. Elabora también una lista de inconvenientes de los otros. Después, debátelos en la clase.

VIAJES CON ENCANTO

1 Usos del pretérito perfecto simple y el imperfecto

Observa los usos más importantes del pretérito perfecto simple y el imperfecto.

PRETÉRITO PERFECTO SIMPLE (INDEFINIDO)	▶ Es el tiempo pasado por excelencia. Cuando queremos marcar que algo ocurrió en un pasado que damos por terminado, lo utilizamos. *Ayer fui a la Sagrada Familia en metro.*
IMPERFECTO	▶ Se utiliza para hábitos en el pasado. *Se levantaba por la mañana y se iba a la playa en coche cada día.* ▶ Para describir personas, lugares y ambientes, y sentimientos. Por eso se utiliza para situar una acción pasada en su contexto. *El revisor era muy antipático. / El tren era pequeño y hacía frío.* ▶ Cuando hay un contraste (aunque no se explicite) entre antes y ahora. Por eso, ante la expresión *Los revisores eran antipáticos,* otro hablante español interpretará: *Ahora ya no lo son,* lo que lleva a menudo a justificaciones del tipo: *Bueno, ahora a veces hay alguno…* ▶ Para hablar de acciones interrumpidas o modificadas por el contexto o por otra acción (otro verbo). *Estaba pasando por el detector, cuando sonó la alarma.* ▶ Para hablar de algo irreal, de sueños o juegos. *Ayer soñé que conducía un avión y que volaba a 900 pies de altura.*

▶ Excepto en el caso de la expresión de hábito en el pasado, nunca se habla del pasado utilizando solo el pretérito imperfecto, pues se considera que este tiempo verbal simplemente recrea o describe la situación o el contexto donde ocurre algo. Si decimos *ayer llovía,* nuestros interlocutores se quedarán esperando el final de mi relato. Pero si decimos *ayer llovió* la conversación se dará por concluida.
Por tanto, para marcar el final de una experiencia usamos el indefinido, aunque se esté describiendo. ***Fue** un viaje estupendo. / Lo **pasamos** fenomenal.*

▶ También, por esa misma razón, el imperfecto se utiliza para dar excusas o explicar las causas de otras acciones que se consideran más importantes y que por eso van en indefinido.
*No pude ir porque **estaba** malo. / Perdona por no haberte saludado, es que **estaba** un poco mareado.*

2 El tiempo verbal de los relatos

Elige la forma verbal más adecuada y explica el uso.

a. El maquinista conducía / condujo esa máquina durante 2 años.

b. Lo siento, ayer estaba / estuve tan cansado que no te oí llegar.

c. Nos llovía / llovió durante todas las vacaciones.

d. Las vacaciones en París eran / fueron un desastre.

e. Aquel viaje era / fue una delicia.

f. Esta noche he tenido una pesadilla: he soñado con que tenía / tuve un pinchazo en una carretera solitaria y no sabía / supe cambiar la rueda… y me quedaba / quedé allí…

g. Ayer estaba / estuve en casa todo el día.

3 Verbos que cambian de significado

Además, algunos verbos cambian de significado según el tiempo verbal que lleven. Como *costar,* que en indefinido lo usamos para hablar de algo después de comprarlo *(Ej: El billete me **costó** 30 €),* y en imperfecto, para hablar de algo antes de comprarlo *(Ej: El billete **costaba** 30 € y, como no llevaba ese dinero, no lo compré).* También…

CONOCER	QUERER
▶ **Indefinido:** Encontrarse por primera vez con una persona. *Ayer conocí a su compañero de viaje.* ▶ **Imperfecto:** Saber quién o qué es esa persona o cosa. *Me lo quiso presentar, pero ya lo conocía.*	▶ **Indefinido:** Muestra el intento de hacer algo. *Quise llegar allí, pero la tormenta lo impidió.* ▶ **Imperfecto:** Indica el deseo de hacer algo. *Quería llegar hasta su casa, pero se me hizo muy tarde y no pude.*
PODER	TENER QUE
▶ **Indefinido:** Ser capaz de algo; hay cierta dificultad. Marca el resultado. *Pude verlo cuando salía de su casa.* ▶ **Imperfecto:** Posibilidad de algo; hay cierta facilidad. Marca el intento. *Podía verlo cuando salía de casa.*	▶ **Indefinido:** Indica que solo había una opción, hay más obligatoriedad. *Tuve que ir a verla.* ▶ **Imperfecto:** Marca la opción de hacer o no algo que era recomendable. *Tenía que ir a verla.*

4 Un relato misterioso

Lee este texto y complétalo con los verbos en la forma correcta.

Reflexiona y practica

La estación .... (parecer) estar abandonada desde .... (hacer) mucho tiempo. Desde que la .... (ver, nosotros), ... (querer, yo) entrar en ella. Nosotros la .... (conocer), porque habitualmente .... (pasear, nosotros) por esa zona y, desde el día en que la .... (descubrir, nosotros), ... (sentir, nosotros) fascinación por ella. Edu .... (pensar) que encontraríamos maravillas si .... (conseguir) reunir el suficiente valor para entrar. Tanto nos .... (hablar, él) de ella que, un día, nos .... (decidir, nosotros) a entrar.

Cuando .... (llegar, nosotros) al edificio principal, ... (mirar, nosotros) por las ventanas hacia el interior, pero los cristales .... (estar) tan sucios que no .... (verse) mucho a través de ellos. Al final, tan solo .... (poder, nosotros) ver que .... (haber) una capa de polvo por todas partes. Eso .... (aumentar) nuestra curiosidad. .... (Querer, nosotros) verla por dentro, ... (necesitar, nosotros) inspeccionarlo todo, así que nos las .... (ingeniar, nosotros) para abrir una ventana y entrar.

Edu .... (dejar) la mochila repleta de cosas encima de un banco, pero este .... (caerse) al suelo con un estrepitoso ruido. El paso del tiempo y la humedad habían tenido buena cuenta de la madera y los tornillos. Ahora su última adquisición de aventurero intrépido .... (estar) manchada de barro y suciedad y, si quería dejarla como antes, ... (tener, él) que sacudirla durante un buen rato. Aunque con lo que le .... (costar), tampoco era de extrañar su enfado y su insistencia en dejarla como nueva otra vez.

Mientras él .... (quedarse) allí, maldiciendo su mala suerte, yo .... (continuar) recorriendo la estación. Las taquillas .... (ser) antiguas, con unas pequeñas ventanillas que .... (estar) cerradas. A su derecha, ... (haber) una puerta que .... (dar) a los andenes. Allí lo .... (ver, yo): un enorme tren parado y esperando a que alguien subiera. Nada más verlo, pensé que .... (querer, yo) subir y, algo asustado, lo .... (hacer, yo).

Cuando .... (estar, yo) empezando a acostumbrarme a la oscuridad, ... (oír, yo) un ruido que .... (venir) del fondo. De pronto .... (notar, yo) que alguien .... (estar) acercándose, porque el suelo .... (empezar) a crujir. En ese momento, o bien .... (poder, yo) quedarme, o bien salir corriendo, pero no .... (poder, yo) moverme. Al cabo de unos minutos, que me .... (parecer) eternos, algo me .... (agarrar) del brazo...

interactúa

Tu final ▶

▶ Busca un final terrorífico, dramático o cómico a la historia y escríbelo.

▶ ¿Has leído alguna historia o has visto alguna película de miedo? Cuéntasela a tu compañero.

VIAJES CON ENCANTO

Crea con las palabras

Viajar en coche

Horizontales
1. Hacer que el coche vaya más rápido.
2. Hacer que el coche vaya más despacio.
3. Te mantienen sujeto al asiento.
4. Lugar donde guardar equipaje, bultos...

Verticales
1. Dejar el coche estacionado en algún lugar.
2. Lo que ayuda a dirigir el coche.
3. Pasar a un coche que va más despacio.
4. Sonido que tiene el coche y que se utiliza para avisar.

1 Completa el siguiente crucigrama con algunas de las palabras referidas al coche.

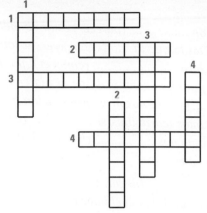

2 Elige la opción que más se adecúe a tu personalidad de conductor y habla con tus compañeros.

1. ¿Qué detestas más cuando conduces?
   a. Los baches.
   b. Las curvas.
   c. Que haya mucho tráfico.

2. ¿Qué crees que nunca te pasaría a ti conduciendo?
   a. Tener un pinchazo.
   b. Que te pongan una multa.
   c. Quedarte sin gasolina.

3. ¿Qué crees más necesario?
   a. Pasar la ITV.
   b. Un control de alcoholemia.
   c. Respetar el límite de velocidad.

4. ¿Alguna vez…
   a. la grúa se ha llevado tu coche?
   b. has tenido que parar en la carretera?
   c. alguien ha robado tu vehículo?

En tren y en metro

3 Ordena las letras de estas palabras y relaciónalas con sus definiciones.

1. VÓNAG ....
2. ANÉDN ....
3. AÍV ....
4. TEICMAONOTRPM ....
5. VRIROSE ....

a. Lugar por donde circula el tren.
b. Persona que comprueba tu billete.
c. Parte del tren.
d. Lugar donde esperan los pasajeros.
e. Partes en las que se divide un vagón.

En avión

4 Completa las palabras relacionadas con los aviones y escribe su definición.

▶ _ T _ R R _ Z _ _

▶ A _ A _ _ T A

▶ C _ B _ _ A

▶ DE _ _ E G _ _

▶ F _ CT _ R _ R

Hablar de recuerdos

Mira las siguientes construcciones.
¿Para qué las usamos?

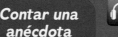

- Recuerdo muy bien…
- Lo que quiero decir es…
- No me he olvidado de…
- Me suena algo como que…
- No recuerdo demasiado lo que…
- Como iba diciendo…
- Me acuerdo de…

▶ **1** **Expresar recuerdos.**

▶ **2** **Retomar el discurso.**

▶ **3** **Expresar un recuerdo borroso.**

Exprésate ◀

Observa los usos del infinitivo compuesto.

> ▶ **El infinitivo tiene valor de pasado.**
> Se forma con el auxiliar *haber* en infinitivo + el verbo en participio (*-ado* / *-ido*).
> *Haber ido en tren fue un error* (en el pasado). / *Ir en tren fue un error* (no marca el tiempo).
> *Espero haberme explicado bien* (hace un momento – en el pasado). / *Espero explicarme bien* (ahora).
> *Gracias por haberme escuchado* (mientras estaba hablando). / *Gracias por escucharme* (no marca tiempo concreto).

Contar una anécdota

🎧 9 Escucha la siguiente anécdota de un viaje, en la que se ejemplifican algunas expresiones del cuadro de arriba, para luego poder crear tú la tuya propia. Fíjate también en los marcadores temporales del pasado.

Proyecto

¿Qué te pasó?

Piensa en una anécdota real tuya o de alguien conocido a partir de uno de los temas propuestos.
¿Recuerdas…

- ▶ haber conocido a alguien especial en un viaje?
- ▶ haber tenido un accidente viajando?
- ▶ haberte perdido en una ciudad?
- ▶ haber practicado algún deporte de vacaciones?
- ▶ haber enfermado estando de vacaciones?
- ▶ haber sufrido una catástrofe meteorológica?
- ▶ haber sido robado estando de vacaciones?

PREPÁRATE PARA ESTE TEMA

Para trabajar con este tema, revisa el léxico, comprueba las palabras que conoces, aprende las nuevas y realiza las actividades.

Transporte

el aeropuerto
el ala*
el ala delta
el andén
el aparcamiento
el arcén
el área de descanso
el asiento
el autobús
la autopista (de peaje)
la autovía
el avión
la barca
el barco
la cabina
el camión
la carretera
el carril bici
el casco
la cinta mecánica

el cinturón
el claxon / bocina
el coche
la cubierta
el funicular
el garaje
la gasolinera
el globo
la grúa
el helicóptero
el intermitente
el límite de velocidad
la litera
el maletero
la matrícula
el metro
el mostrador
la moto
el muelle
el parapente

el pasillo
el paso de cebra / de peatones
el peaje
la piragua
la pista
la rotonda
la rueda de repuesto
la sala de espera
el salvavidas
el semáforo
el taller
la terminal
la torre de control
el tranvía
el tren
el túnel
el vagón
la ventanilla
la vía
el volante

* Es una palabra femenina.

1 Indica 15 medios de transporte.

a. ....   d. ....   g. ....   j. ....   m. ....

b. ....   e. ....   h. ....   k. ....   n. ....

c. ....   f. ....   i. ....   l. ....   ñ. ....

2 ¿Cuáles has utilizado ya? ¿Te gustaría utilizar los otros? ¿Por qué?

3 Indica qué tienen en común las palabras de cada grupo y qué las diferencia.

a. andén – arcén   **b.** muelle – terminal   **c.** carretera – pista – vía   **d.** área de descanso – sala de espera

Expresión escrita

Un amigo quiere organizar un viaje en el que tenéis que tomar varios aviones. A ti te da pánico el avión. Escribe un correo electrónico defendiendo las ventajas de viajar en otro medio. Intenta convencer a tus amigos.

LOS MEDIOS DE COMUNICACIÓN ▶

Los medios de comunicación tienen la capacidad de hacer llegar la información a la mayor parte de la población. Los estudios sobre su influencia han demostrado que moldean nuestros gustos y modas, y más aún, condicionan nuestro modo de pensar e incluso la manera en que el individuo se relaciona con los demás y consigo mismo.

▶ **Infórmate:** La prensa en España

▶ **Reflexiona y practica:** Los verbos de percepción y entendimiento

▶ **Crea con las palabras:** Las secciones de un periódico

▶ **Exprésate:** Dar un discurso

Aquí tenemos el logotipo de **periódicos importantes de 5 países americanos**. En los textos, unas breves anotaciones te darán pistas sobre el **país al que pertenecen. Identifícalos.**

1 Clarín
LA NACIÓN

2 EL UNIVERSAL
REFORMA

3 EL MERCURIO
Las Últimas Noticias

4 PRENSA LIBRE
SIGLO VEINTIUNO

5 El Comercio
La República

1 En este país se encuentra el pico más alto de América, el Aconcagua. De él y de Chile es parte la región más austral de América: la Patagonia, donde se pueden ver glaciares como el de Perito Moreno. De este país fue popular Evita Perón, esposa del presidente Juan Domingo Perón.

2 Está en América del Norte. En este país hay importantes restos de las civilizaciones maya, azteca y olmeca. En este país, mayoritariamente mestizo, se reconocen 65 lenguas precolombinas, entre las que destacan el náhuatl y el maya. Son famosas su comida picante y las canciones llamadas *rancheras*.

3 País de clima muy variado ubicado entre el océano Pacífico y la cordillera de los Andes. A él pertenece la Isla de Pascua, en la Polinesia, y, junto con Argentina, reclama territorios de la Antártica, lo que lo convertiría en un país tricontinental.

4 País que limita con los océanos Pacífico y Atlántico; patria natal de Rigoberta Menchú.

5 País que da al océano Pacífico y en donde se encuentra Cuzco, Patrimonio de la Humanidad y capital de la antigua civilización inca.

LOS MEDIOS DE COMUNICACIÓN

A TU OPINIÓN SOBRE EL PERIODISMO

Observa estas frases. ¿Con cuál estás de acuerdo?

▶ El periodismo objetivo: una utopía.

▶ La función del periodista es informar.

▶ El periodismo es el cuarto poder o la sombra del poder.

▶ El periodismo ya no tiene sentido en la época de las tecnologías de la comunicación.

▶ Periodista, una profesión de alto riesgo.

B EN UNA CONFERENCIA SOBRE EL PERIODISMO

 Un famoso periodista nos da una conferencia sobre la profesión. Escúchala y di de qué tema de los anteriores habla.

Vuelve a escucharla y contesta si estas frases son verdaderas o falsas.

1. La sociedad crea la opinión y los periodistas la recogen en la prensa, la televisión o la radio.   [V] [F]

2. Los periodistas cada vez tienen menos poder.   [V] [F]

3. La profesión de periodista implica muchísima responsabilidad.   [V] [F]

4. Actualmente es más importante si una noticia despierta curiosidad que si es verdadera.   [V] [F]

5. Decir la verdad no requiere ser objetivo.   [V] [F]

Ordena las siguientes partes de la conferencia y anota alguna idea en cada una.

☐ Conclusión.

☐ El periodismo como forma de poder.

☐ Función del periodista, la búsqueda de objetividad.

☐ Introducción.

☐ Periodismo actual, análisis del tipo de noticias que priman.

¿Cuál crees que puede ser el título de la conferencia?

interactúa

¿Cómo los describirías

¿Cuál es tu opinión sobre los temas de los que habla? ¿Estás de acuerdo con él? Pon ejemplos concretos de tus ideas.

C LA PRENSA ESPAÑOLA

Lee este texto y responde a las preguntas.

En España hay periódicos y revistas de todo tipo. Los hay de tendencia política más de izquierdas (por ejemplo, *El País* o *El Público*) y de derechas (por ejemplo, *El Mundo*, *La Razón* o *El ABC*). Los hay de tirada nacional o local (como *La Vanguardia*, de Barcelona), con versión tanto digital como en papel, o los hay que solo publican en versión digital (por ejemplo, *El Correo Digital*). También hay periódicos gratuitos (como *20 Minutos*); y periódicos especializados (como *Marca*, de deporte; o *Expansión*, de economía).

Muchos periódicos de gran tirada vienen acompañados de un suplemento cultural algunos días, y otros regalan artículos coleccionables de todo tipo a sus lectores más fieles: desde tazas y monedas hasta clásicos literarios o películas. En algunos quioscos se pueden conseguir periódicos extranjeros (como *The Times* o *Le Monde*).

Y con respecto a las revistas y otras publicaciones, son de lo más variado: desde revistas de prensa rosa a revistas especializadas de tipo científico, histórico, esotérico, literario, de decoración, de manualidades, de viajes, etc. Sean cuales sean tus gustos, seguro que hay alguna publicación hecha a tu medida.

1. ¿Cómo se llama la versión de los periódicos que puedes leer en Internet?

2. ¿Qué medios utilizan algunos periódicos para atraer a más lectores?

3. Los periódicos de tu país, ¿siguen también tendencias políticas?, ¿crees que el tipo de noticias que aparecen en ellos difiere mucho de un periódico a otro?

4. ¿Qué tipo de periódicos o revistas te gustan más, y cuándo te gusta leerlos?

Infórmate

Da tu opinión

¿Qué tipo de periódicos hay en tu país? ¿Cuáles son los más importantes o leídos? ¿Qué tipo de prensa lees tú?

D *HOLA*, LA REVISTA ESPAÑOLA MÁS CONOCIDA EN EL MUNDO

 Dos mujeres hablan de la revista *Hola*. Escucha lo que opina esta lectora y contesta a las preguntas.

1. ¿A qué se dedica el famoso del que hablan? ¿Qué dicen de él?

2. ¿Crees que a la peluquera le gustan las revistas del corazón o no?

3. ¿Por qué opina la doña Engracia que la revista *Hola* es mejor que las demás?

4. ¿Qué opinan de que los famosos hablen de su vida privada?

interactúa

La prensa rosa

Lee estas opiniones sobre la prensa rosa y di tu opinión.

 Los periodistas no tienen derecho a invadir la vida privada de los famosos.

La prensa rosa es tan respetable como cualquier tipo de prensa y además existe por una demanda social.

La prensa rosa sirve para desviar la atención de los problemas verdaderamente importantes.

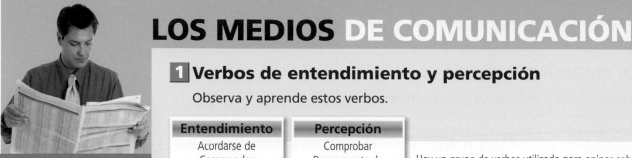

LOS MEDIOS DE COMUNICACIÓN

Reflexiona y practica

1 Verbos de entendimiento y percepción

Observa y aprende estos verbos.

Entendimiento	Percepción
Acordarse de	Comprobar
Comprender	Darse cuenta de
Considerar	Descubrir
Creer	Notar
Entender	Observar
Imaginar	Oír
Opinar	Oler(se)
Pensar	Percibir
Recordar	Presentir
Soñar con	Sentir
Sospechar	Ver
Suponer	

Hay un grupo de verbos utilizado para opinar sobre las cosas o para expresar lo que percibimos con los sentidos. Son los verbos de entendimiento y percepción.

Estos verbos funcionan de la siguiente manera:

▶ Cuando se usan afirmativa o interrogativamente, llevan **que + indicativo**.

Creo que esta noticia está manipulada.

¿Has visto que siempre dan muchas más noticias malas que buenas?

▶ Cuando van negados (excepto en imperativo e interrogación), llevan **que + subjuntivo** los primeros, y en los segundos pueden llevar los dos (indicativo, cuando es más objetivo y subjuntivo, cuando es más subjetivo, más opinión personal).

No creo que el día de Año Nuevo haya periódicos.
No me di cuenta de que el cartero te dejaba / te dejara la revista a la que estás suscrito.

ATENCIÓN

▶ *Sentir* solo sigue esta regla cuando indica percepción: darse cuenta, percibir.
Siento que hay alguien más en esta casa (percepción).

Puede significar también *lamentar*, entonces es un verbo de sentimiento y sigue la regla de los verbos de sentimiento.
Siento que tu noticia no haya salido en primera plana (sentimiento).

▶ El verbo *dudar* es especial. Siempre funciona en subjuntivo.
Dudo que esta noticia salga a la luz.

2 Cartas al director

A esta sección han llegado diferentes cartas enviadas por los lectores. Aquí tienes algunos fragmentos. ¿Qué opinas tú de lo que dicen? Contéstales usando estos verbos.

1. Es imposible que el calentamiento de la Tierra vaya a hacer desaparecer el hielo de los polos. Esto es un invento de algunas empresas para conseguir más ventas en algunos productos y abandonar otros. Estoy seguro.

2. Un amor excesivo a los hijos hace que los niños, de mayores, tengan dependencias, complejos y sean incapaces de tomar sus propias decisiones. Es mejor que de pequeños se les dé una vida independiente: llevarlos a guarderías cuando son bebés, dejarles cualquier tipo de juguete y que ellos decidan, etc. No hay que protegerlos tanto.

3. El fin justifica los medios. Es importante tener mano dura con los ciudadanos para que aprendan a respetar las normas y se vuelvan más cívicos. La gente, cuando tiene libertad, se dedica al libertinaje, se aprovecha de todo y, si no se la para, tenemos una sociedad de gamberros.

4. Yo creo que para ser un gran científico tienes que estar un poco loco o ser muy aburrido. Nadie normal puede querer pasarse los días estudiando. Hay cosas mucho mejores en la vida: salir con chicas, ir de fiesta con los amigos. Estudiar, solo estudiar, es una vida perdida.

5. Las ciudades necesitan espacios donde tirar las basuras. Muchas veces no sabemos dónde tirarlas y no nos queda más remedio que dejarlas en cualquier parte. Lo que debería hacer cada ayuntamiento es tener un mejor servicio de recogida de basuras. No es verdad que seamos descuidados o sucios, es que no se limpia lo suficiente.

3 Una noticia real que puede parecer sorprendente

Lee la siguiente noticia y opina sobre ella.

noticiaslocas
**Noticias curiosas, insólitas, raras...
pero rigurosamente ciertas**

miércoles 28 de mayo de 2003

ASEGURÓ SU ROSTRO EN 165.000 DÓLARES

Una mujer, preocupada porque un día su marido deje de encontrarla atractiva, ha asegurado su cara en 165.000 dólares. Si un jurado de diez obreros de la construcción la declara *fea*, el seguro deberá compensarla.

Nicole Jones, de Bristol, Inglaterra, paga 330 dólares al mes a una compañía de seguros que deberá compensarla en caso de que deje de ser atractiva. Ella tomó la póliza como regalo de cumpleaños para su marido que suele bromear diciéndole que la abandonará si se pone fea con los años.

Para cobrar los 165.000 dólares, la Sra. Jones deberá ser declarada *no atractiva* por un panel de 10 empleados de la industria de la construcción. Según explica la mujer, si deja de ser bella, al menos tendrá el dinero para contratar a un entrenador o internarse en un centro de belleza para recuperar su imagen.

Al ser consultada sobre si no le convenía descuidarse en el aspecto estético para cobrar la jugosa suma de dinero, la Sra. Jones contestó que «se trata de que no quiero tener que reclamar la suma, así que no tiene sentido que me abandone. Mi matrimonio vale muchísimo más que eso».

4 Unos años después

Un reportero ha decidido seguir la noticia y ha vuelto a entrevistar a la mujer pasados ya unos años. Aquí tienes parte de la entrevista escrita, a la que se le han borrado algunas frases, ¿puedes completarlas?

- Sra. Jones, ¿usted se ha sentido fea desde que su marido contrató el seguro?

- Bueno, realmente no creo que ...., pero ....

- Aun así, ha seguido pagando el seguro. ¿Quizá cree que su marido puede abandonarla?

- Realmente, no pienso que .... Sin embargo, ...

- En ese momento considera que un jurado de obreros es lo mejor para determinar si es guapa o fea. ¿Cree verdaderamente que ellos son unos expertos en belleza?

- Bien, la verdad es que no considero que ...., pero ellos ....

- Algunos medios dicen que usted solo busca la fama. ¿Es eso cierto?

- En verdad, no siento que ....

5 Analizando la noticia

¿Qué crees que habrá pasado con la Sra. Jones? Utiliza los verbos anteriores y el pretérito perfecto de indicativo o subjuntivo.

- *¿Qué crees que piensa la mujer ahora?*

- *No creo que se haya arrepentido de haberlo pagado, porque ella considera que su belleza solo es física.*

▶ ¿Consideras que ha estado haciendo una buena inversión?

▶ ¿Piensas que ha tenido algún problema con su marido después de publicarse la noticia?

▶ ¿Piensas que ya ha necesitado recurrir al juicio de los obreros?

PRETÉRITO PERFECTO DE SUBJUNTIVO

En construcciones que necesitan subjuntivo, usamos este tiempo para referirnos a acciones recientemente acabadas o vinculadas al presente.
No creo que Juan haya conseguido la exclusiva de la noticia (ya ha ocurrido).
No creo que Juan consiga la exclusiva (aún no ha ocurrido).

FORMA: Presente de subjuntivo del verbo *haber* + participio

Haya	
Hayas	grabado
Haya	entendido
Hayamos	sentido
Hayáis	
Hayan	

LOS MEDIOS DE COMUNICACIÓN

Crea con las palabras

interactúa

¿Cómo los describirías ▶ **?**

Ahora, en parejas, inventa otros fragmentos e intercámbialos con vuestros compañeros para que los clasifiquen.

Secciones de un periódico

1 Normalmente, los periódicos tienen una sección de economía, de deportes, internacional, nacional y sobre noticias del área local. ¿Qué otras secciones conoces? Completa los espacios en blanco con las vocales que faltan. Después, intenta decir a qué secciones crees que podrían corresponder los fragmentos del periódico.

▶ Noticias más importantes y sumario (índice)   P _ RT_D_

▶ Noticias relacionadas con la sociedad   S _ C _ _ D _ D

▶ Noticias sobre conciertos, espectáculos   _ G _ ND_

▶ Programación de cines y teatros   C_ RT _ L _ R _

▶ Anuncios por palabras   _ N_NC _ _ S   BR_V_ S

▶ Cartas de los lectores   C_ RT _ S _ L D_ R _ CT _ R

▶ Noticias sobre la cotización de las acciones   B _ LS _

▶ Información práctica: farmacias, lotería, tiempo...   S _ RV _ C _ _ S

▶ Crucigramas, tiras cómicas, horóscopos...   P _ S _ T _ _ MP _ S

▶ Programación de las emisoras de radio y las televisiones   R _ D _ _ y T_ L _ V _ S _ _ N

▶ Página que cierra el periódico   C _ N TR _ P _ RT _ D _

Las acciones de Grifols experimentan una fuerte subida. Los inversores muestran su contento después de unos días.

Farmacias de guardia:
Lunes: Bosch. Rubiera, 2
Martes: Rius. Valencia, 33
Miércoles: Ruiz. Salas, 4

Piso céntrico, 60 m². Exterior. Baño y cocina equip. Calf. Central. Ascen. Com. incl. Garaje opcional. 1.400 €

Dar una noticia

2 Completa las frases. Hay una palabra que no se utiliza. Crea tú una frase.

- corresponsal
- comunicado de prensa
- rosa
- primera plana
- tirada
- sensacionalista
- pie
- suplemento
- titulares
- medios

▶ Tengo una amiga en Gabón. Es la .... de un periódico español en África.

▶ La noticia apareció en .... y creó mucha controversia.

▶ La prensa amarilla es prensa ....

▶ La prensa ...., o del corazón, se dedica a difundir cotilleos sobre los famosos.

▶ Algunos días, el periódico viene acompañado de un .... cultural.

▶ Debajo de las fotos, suele escribirse una breve explicación que se llama .... de foto.

▶ Las noticias están encabezadas por ....

▶ Cuando alguien hace llegar una información de carácter personal oficialmente a los periodistas es un ....

▶ Los .... de comunicación son prensa, radio y televisión.

LOS MEDIOS DE COMUNICACIÓN

Discurso En esta unidad vas a elaborar un discurso de 3-5 minutos, y lo vas a exponer ante la clase.

1. Elige un tema de actualidad que te interese. Aquí os proponemos algunos:

a. Los famosos no tienen derecho a quejarse de los *paparazzi*.

b. Ver demasiada televisión es malo.

c. Hay muchas maneras de ayudar a mejorar nuestro mundo.

d. La dieta vegetariana es muy buena.

e. Los *piercings* y los tatuajes son una forma de expresión.

Exprésate

2. Busca información para que el discurso parezca lo más objetivo posible: citas, ejemplos, estadísticas…

3. Busca un título para tu exposición oral, que recoja la tesis que quieres defender.

Proyecto

1. Haz una lista de las ideas que quieres incluir y haz un guión para tu discurso.

2. Piensa en los nexos oracionales para dar coherencia al discurso. Si miras la trascripción de la audición 10, encontrarás algunos ejemplos de reformuladores. Aquí tenéis algunos otros:

▶ **De inicio / continuidad:** en primer lugar, en segundo lugar; por un lado, por otro lado; de una parte, de otra parte; para empezar, para continuar; primeramente…

▶ **Focalizadores:** en cuanto a, con respecto a, en relación a / con, en concreto, concretamente, en especial…

▶ **De cierre:** en conclusión, para terminar, finalmente, por último, como conclusión final, concluyendo…

Ejemplos de focalizadores:

En relación con *la violencia en la televisión, me gustaría decir…*

Hay que tener cuidado con los horarios en los que se ponen algunos programas televisivos. **En concreto**, *hablo de programas violentos que pueden ser muy dañinos, en especial para los más pequeños de la casa…*

3. Practica antes de exponerlo, pero sin memorizar tu discurso, para que resulte natural. Recuerda que estás dirigiéndote a un público, por lo que tienes que cuidar la voz, tu gesto y tu mirada, estate atento a las señales que te dé tu público, para poder aclarar algún punto si es necesario, o cambiar tu ritmo. Algunas formas de apelar directamente al público: *si me lo permiten, con su permiso, como ustedes saben, pues miren ustedes, si ustedes recuerdan, señores,…, etc.*

4. Puedes acompañar tu exposición con imágenes que muestren y ejemplifiquen lo que estás diciendo.

5. Después del discurso, responde a las preguntas de tus compañeros y haz un pequeño debate sobre el tema que has tratado.

PREPÁRATE PARA ESTE MÓDULO

Para trabajar con este tema, revisa el léxico, comprueba las palabras que conoces, aprende las nuevas y realiza las actividades.

Medios de comunicación
prensa
radio
televisión

Secciones de un periódico

agenda
anuncios breves o por palabras
artículo
bolsa
carta al director
cartelera
coleccionable
contraportada
crucigramas y pasatiempos

cultura
deportes
dominical
economía
editorial
horóscopo
internacional
local

opinión
portada
primera página / plana
servicios
sociedad
suplemento
suplemento cultural
tira cómica

1 Lee las descripciones e identifica la sección.

a. Es la sección que trata las noticias de la ciudad y lugares próximos: ....

b Es una lista de las películas que hay en ese momento y los cines donde las ponen, así como las horas en las que se pueden ver: ....

c. Es la sección con artículos de fondo donde los periodistas analizan y dan su opinión sobre las noticias más importantes del día: ....

2 Escribe descripciones similares a las anteriores de estas secciones.

a. Cartas al director: ....

b. Primera página: ....

c. Internacional: ....

d. Servicios: ....

e. Contraportada: ....

Usuarios y profesionales

corresponsal
editor
entrevistado
enviado especial

fotógrafo
locutor
oyente
periodista

presentador
redactor
reportero
telespectador

3 Indica quién es.

a. Es el encargado del reportaje gráfico de una noticia o de un artículo de fondo: ....

b. Es el periodista que vive en el extranjero para recoger las noticias de ese lugar: ....

c. Escribe los artículos de fondo. Suele ser también el director de un periódico: ....

d. Es el periodista que ha ido al extranjero a cubrir una noticia puntual: ....

e. Trabaja en la radio o en televisión y da las noticias del día: ....

4 Piensa ahora en un profesional y descríbelo sin decir su nombre. Tus compañeros adivinarán quién es.

Tema 8

¡ARTE EN TODAS PARTES!

La creatividad nos permite superar los límites y descubrir nuevas posibilidades en el espacio de la vida. Aplicada a las cosas más prácticas o no, supone expresión y liberación. Todos deberíamos desarrollarla porque trae satisfacción y alegría a lo cotidiano. Algunos artistas han conseguido hacer de la creatividad su trabajo, y algunos –Dalí, Picasso...– incluso se han atrevido a vivir su vida en la creatividad. ¿Cómo la utilizas tú?

- ▶ **Infórmate:** Una nueva arquitectura
- ▶ **Reflexiona y practica:** Las oraciones relativas y sus partículas
- ▶ **Crea con las palabras:** Vocabulario relacionado con escultura y pintura
- ▶ **Exprésate:** Los museos

Enlaza cada descripción del edificio con su foto correspondiente y su creador.

¿Conoces algún otro edificio singular? Explícalo.

Nace en Montevideo en 1944. En 1978, se marcha a EE. UU. donde reside actualmente. Autor de numerosas obras conocidas internacionalmente: Edificio Atlas, Universidad de Wageningen (Holanda); Edificio Acqua, Punta del Este (Uruguay), etc.

Consta de una galería principal que está cubierta por un techo en forma de arco realizado en vidrio y acero. La cubierta tiene unos parasoles que se pueden abrir o cerrar gradualmente para evitar el sol directo.

Nace en Valencia en 1951. A diferencia de otros, las estructuras en las que se fundamentan sus edificios son elementos esenciales. Algunas de sus obras reconocidas mundialmente: Ciudad de las Artes y las Ciencias, Valencia (España), Turning Torso, Malmö (Suecia), etc.

Las formas redondeadas, así como su color blanco, hacen singular al edificio. Se compone de varias plataformas y una gran sobrecubierta, colocada a unos cincuenta metros de altura.

Nace en México en 1924. En su arquitectura se percibe una inspiración en el pasado. Muchas de sus obras tienen un gran reconocimiento no solo en su país, sino en el mundo entero: Escuela del Ballet Folklórico (México), Centro de Meditación de Cuernavaca (México), la Casa en el aire Bosque de las Lomas (México).

Su estructura de cubo, en el que parece que se encierra una esfera, da a este singular edificio una imagen sorprendente. La parte interior está formada por espejos que reflejan el paisaje exterior.

1. Museo Fortabat
Puerto Madero (Argentina)
Rafael Viñoly

2. Corporativo Calakmul
Santa Fé (México)
Agustín Hernández

3. Auditorio
Tenerife (España)
Santiago Calatrava

¡ARTE EN TODAS PARTES!

Infórmate

A ALGUNAS VIVIENDAS SINGULARES

Observa estas dos casas. ¿Qué te parecen? ¿Te gustaría vivir en ellas?

Casa Levene
Eduardo Arroyo

Villa Nurbs
Enric Ruiz Geli

C OTROS EDIFICIOS SORPRENDENTES

🎧 13 Escucha y responde a las siguientes preguntas:

1. ¿De qué está recubierto el edificio de Gas Natural de Miralles?

2. ¿Por qué se menciona a la mujer del arquitecto?

3. ¿A qué recuerda el techo del Mercado de Santa Caterina?

4. ¿Cuántos hexágonos tiene su cubierta?

5. ¿Qué le gusta a la chica de las obras de Santiago Calatrava?

B PARA SABER MÁS

🎧 12 Escucha la audición e indica si las frases que aparecen a continuación son verdaderas o falsas.

1. Ha ido a visitar algunos edificios porque un amigo le había hablado de ellos. | sí | no |

2. La casa Levene le gusta porque es arquitectura ecológica. | sí | no |

3. Para hacer la casa, tuvieron que talar algunos árboles. | sí | no |

4. El chico le está enseñando las fotos del viaje a su amiga. | sí | no |

5. Villa Nurbs está en Tarragona. | sí | no |

6. Se define la Villa Nurbs como una nave espacial y como un globo de luz. | sí | no |

Edificio Gas Natural
Enric Miralles

Mercado de Santa Caterina
Miralles y Benedetta Tagliabue

Ciudad de las Artes y las Ciencias
Santiago Calatrava

D ALGO MÁS QUE UNA CASA

Lee este texto y enlaza cada párrafo con la frase que lo resume.

Infórmate

Una casa de retiro espiritual, que se encuentra en un idílico paraje natural cercano a Sevilla (España), ha pasado a ser un símbolo de la arquitectura ecológica y minimalista. Toda la casa está enterrada bajo tierra para protegerla del calor de esa zona, y solo podemos ver sobre esta dos muros blancos que potencian la entrada en la esquina. En la parte superior de los muros vemos un precioso mirador de madera, que nos obliga a concentrarnos en la vista. Una vez dentro de la vivienda, la luz nos llega a través de las fisuras del terreno.

Diseñado por Emilio Ambasz, el proyecto ha obtenido varios premios, entre ellos: el Primer Premio de Arquitectura Progresiva y el Premio del Instituto Americano de Arquitectos, y es considerado como un excepcional ejemplo de la arquitectura que se inserta en la naturaleza.

Emilio Ambasz capitanea un movimiento a favor de restituir en la ciudad un moderno paraíso artificial. Bajo el lema *green over grey*, en alusión al deseable predominio de la vegetación frente al gris del cemento, del paisaje frente al edificio, el arquitecto propone una renovación de la llamada *arquitectura verde*. Según él, esta ha de ser capaz de dar respuestas significativas a las necesidades de la sociedad contemporánea.

Con una larguísima lista de proyectos, a los que han seguido numerosos premios que avalan su prestigio internacional, este argentino que vive y trabaja en Estados Unidos ocupa también un destacado puesto en la historia del diseño industrial: lámparas, sillas, televisores y otros objetos de uso cotidiano, que hoy forman parte de colecciones de museos. Entre 1970 y 1976 fue conservador del Departamento de Arquitectura y Diseño del MOMA y desde 1980 es jefe de diseño de la Cummins Engine Co., una de las compañías líderes mundiales en la producción de motores diesel.

Texto adaptado de: http://www.elmundo.es/elmundo/2006/01/26/cultura/1138274184.html
http://www.urbanity.es/foro/biografias-y-obras-de-arquitectos-e-ingenieros/13786-emilio-ambasz.html

1. Carrera profesional del creador del edificio.

2. Edificio muy valorado y galardonado.

3. El arquitecto trabaja basándose en un eslogan.

4. Característica singular del edificio ecológico.

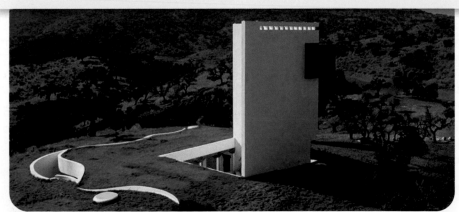

Da tu opinión

¿Crees que nuestras casas y ciudades deberían ser más ecológicas? ¿Cómo crees que se podría conseguir?

8

TEMA

Reflexiona y practica

¡ARTE EN TODAS PARTES!

1 Las oraciones relativas

Cuando definimos algo, solemos usar relativos. Ej: *Una espátula: instrumento que sirve para mezclar los colores*. Estas oraciones de relativo funcionan como un adjetivo y, por lo tanto, completan el significado de un nombre. Ej: *El cuadro que vi el otro día en el museo me encanta = el cuadro visto me encanta*.

Por eso suelen ir detrás de ese nombre, al que llamamos *antecedente* (El cuadro: antecedente).

Aunque no siempre es así: *Quien haya hecho esta escultura es un artista. / El que esté pensando en ir a un nuevo museo, que me lo diga.*

2 ¿Cómo funcionan?

Con antecedente

▶ **antecedente + relativo + indicativo:** si el antecedente es conocido y hablamos de algo en particular.
Quiero la escultura que he visto en esa galería.

▶ **antecedente + relativo + subjuntivo:** si el antecedente no es conocido o si se le quiere dar un valor genérico.
Quiero una escultura que sea de bronce. / No quiero a nadie que esté de mal humor. / ¿Conoces a alguna persona que sepa algo de arte?

Sin antecedente

▶ **relativo + subjuntivo:** con valor genérico referido a alguien o algo no conocido o negado.
Cualquiera que tenga un poco de conocimiento artístico conoce a Miró. / Quien sepa qué significa este cuadro que me lo explique. / No quiero nada que sea de este artista.

▶ **relativo + indicativo:** con valor genérico referido a un grupo de los cuales al menos uno cumple las características para el hablante.
Quienes han estado en una exposición de Tàpies saben de qué estamos hablando.

Ten cuidado y no lo confundas con el pronombre interrogativo *quién*, que siempre va en indicativo.
¿Quién sabe esto?

3 Tipos

Las oraciones de relativo pueden ser:

especificativas

▶ sirven para aclarar a qué antecedente de entre varios nos referimos. No hay nada que separe a la oración de relativo de su antecedente.
El cuadro que está al fondo de la sala es de Dalí (distingue ese cuadro del resto de los de la sala).

explicativas

▶ sirven para dar una información adicional del antecedente. Normalmente van entre comas.
El cuadro, que está en el salón de casa, es de un pintor conocido.

4 ¿Indicativo o subjuntivo?

Elige el verbo adecuado en cada caso y fíjate si las oraciones son explicativas o especificativas. Observa que algunas veces usamos el presente de subjuntivo y otras el imperfecto de subjuntivo. ¿A qué crees que es debido?

Pues yo he estado buscando durante años un cuadro que es / sea un paisaje, pero con un estilo diferente. Al final he encontrado este cuadro, que es / sea de un conocido pintor asturiano, en una subasta. Al principio, no me gustaba por los colores, que son / sean muy chillones, pero después de pensarlo me di cuenta de que unos colores que son / sean más apagados no quedarían bien con la decoración de mi casa. Tampoco he pensado en nada que es / sea muy clásico, porque yo soy muy moderno, pero con este cuadro que os enseño / enseñe he conseguido todo lo que quería.

Un galerista, que conozco / conozca de una exposición, me dijo que los cuadros con árboles dan profundidad a las habitaciones y la verdad es que sí, la pared en la que está / esté el cuadro se ve mucho más extensa. ¡Es perfecto!

5 Los relativos

Estos son los relativos más frecuentes:

Reflexiona y practica

Que
▶ Se usa para hablar de las características de un objeto o de una persona. Lleva siempre antecedente. *Necesito un cuadro que sea bueno. / Necesito un pintor que pueda hacerme un retrato.*

Lo que
▶ Lo usamos cuando nos referimos a algo dicho o sobreentendido que es toda una oración, algo genérico o cuando queremos hacer una intensificación de lo que hemos dicho antes. Puede ir con o sin preposición. *Todo lo que hablamos es confidencial. / Lo que busco es un poco caro. / Los cuadros de Dalí es lo que más me gusta de su obra. / Con lo que te he dicho, puedes hacerte una idea.*

El que, La que, Los que, Las que
▶ Se utiliza para objetos, lugares y personas. *El cuadro del que te hablo es de Velázquez. / La galería a la que fui está en Gran Vía. / El pintor al que conocí pinta unos cuadros preciosos.* ▶ Con antecedente se utiliza detrás de una preposición. *El cuadro al que me refiero era de mi abuelo.* ▶ Sin antecedente y sin preposición funciona como sujeto. *El que subastaban el otro día salió con un precio inicial de 3.000 euros.*

Quien, Quienes
▶ Siempre se refiere a personas. Se usa en un registro formal. ▶ Con antecedente se utiliza detrás de preposición. *El coleccionista, con quien había hablado en la galería, me esperaba en la calle.* No puede usarse sin preposición. En su lugar, ponemos *que*. *El coleccionista que tenía varios cuadros de Tàpies era muy hablador.* ▶ Sin antecedente y sin preposición funciona como sujeto. *Quien no haya visto nunca un cuadro de Miró no sabe qué es el surrealismo.*

6 Une las frases

Aquí tienes frases que repiten uno de los elementos. Únelas con un relativo y evita esa repetición.

1. Han hecho unos edificios ecológicos. En los edificios se ahorrará energía mediante materiales novedosos.
   Han hecho unos edificios ecológicos en los que se ahorrará energía mediante materiales novedosos.
   ....

2. He estado leyendo la opinión de un crítico de arte. Vi al crítico de arte en unas conferencias el año pasado.
   ....

3. Estos cuadros son muy famosos. Por estos cuadros han pagado mucho dinero en la subasta.
   ....

4. Mireia es una gran entendida en arte. Con Mireia he ido a varias exposiciones.
   ....

5. Necesito algo. Con eso podré decorar esta habitación de una vez.
   ....

6. Me encantaría una casa nueva. En la casa nueva podría tener más espacio para mis esculturas.
   ....

¡ARTE EN TODAS PARTES!

Crea con las palabras

Modulación del espacio. 1963.
Eduardo Chillida.
Foto:
www.escuelacima.com/opart.html

El arte de modelar: la escultura

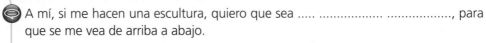

1 Coloca estas palabras en el espacio correspondiente.

bronce / barro / cerámica / de cuerpo entero /
estatuas / grupo escultórico / hierro / madera /
mármol / piedra

Pues a mí me gusta trabajar con las manos y siempre que puedo me pongo a moldear con los dedos en el ....

Van a poner un .... en el parque que va a estar compuesto por tres .... Estarán tumbadas sobre unos pedestales y se llamará *Sueño.*

A mí, si me hacen una escultura, quiero que sea ...., para que se me vea de arriba a abajo.

Pues a mi madre le he regalado una figurita de .... pintada, que me ha costado un dineral.

Es increíble cómo Chillida podía darle esas formas redondeadas a sus esculturas de ....

Estoy tratando de esculpir una figura de un cisne en ...., pero está durísimo y avanzo muy poco. Creo que hubiera sido más fácil si la hubiera tallado en ....

Los grandes escultores primero hacen un modelo pequeño de lo que serán las grandes obras de ....

Me encanta el color verdoso que tienen las esculturas de ....

2 Explica las características de estas obras: los materiales, forma, qué representan...

Movimiento hacia adelante
(Pilar Mir & Ruaja)

Monumento al doctor Robert
(Josep Llimona)

El temporal
(Francisco Leiro)

Maternidad
(Baltasar Lobo)

El arte de representar: la pintura

La ventana, 1966.
Antonio López

3 Completa las definiciones de algunos tipos de pintura.

Boceto: Apunte o primer d_ _ _ _ _ que se hace de una obra.
Bodegón: Pintura en la que aparecen a_ _ _ _ _ _ _ _ o flores junto a otras cosas.
Marina: Pintura en la que aparece el m_ _.
Paisaje: Cuadro que representa una extensión de t_ _ _ _ _.
Retrato: Pintura de una p_ _ _ _ _ _.

4 Clasifica las siguientes palabras.

▶Coleccionista
▶Crítico
▶Exposición
▶Galería
▶Pintor
▶Instalaciones
▶Subasta
▶Taller

PERSONA	LUGAR / ACCIÓN

1. Decide con tu compañero a qué museo preferirías ir o a cuál no irías nunca y explica por qué.

Exprésate

MUSEO DEL CHOCOLATE
de Astorga (León)

Museo dedicado
al chocolate
y a su elaboración.

MUSEO DEL TELÉFONO
de Madrid

Allí encontrarás centralitas,
teléfonos viejos, documentos
y fotografías clave.

MUSEO DEL FERROCARRIL
de Vilanova i la Geltrú (Barcelona)

El museo permite disfrutar
de un viaje a través de
la historia del tren en España.

MUSEO DEL HUMOR
de Fene (La Coruña)

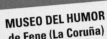

Un museo en el que podrás
encontrar obras de importantes humoristas a nivel nacional e internacional.

MUSEO DE LOS JUE-GOS TRADICIONALES
de Campo (Huesca)

Conocerás los juegos tradicionales transmitidos de generación en generación.

MUSEO DE LA INQUISISICIÓN
de Santillana del Mar (Cantabria)

Museo en el que se muestran
instrumentos usados en la
antigüedad en Europa para
torturar o castigar a presos.

MUSEO DE LA HISTORIA DE LA AUTOMOCIÓN
de Salamanca

El museo contiene más de
cien automóviles, tres decenas de motocicletas y otros
objetos relacionados.

MUSEO DEL PERFUME
de Barcelona

La evolución de las botellas
para perfume a través de la
historia y la geografía.

2. En vuestra ciudad están planeando construir un nuevo museo, pero todavía no saben cuál. En grupos de cuatro, pensad en la propuesta que vais a hacer y después un representante de cada grupo deberá exponer el proyecto para que el resto de la clase decida cuál es la idea más atractiva.

Pensad en:

a. Tema del museo y nombre.

b. Público al que irá dirigido y precio.

c. Exhibiciones permanentes y temporales.

d. Tipo de expositores (interactivos, fijos, etc).

e. Servicios: tienda, visitas guiadas, etc.

f. Por qué tendría éxito vuestro museo.

PREPÁRATE PARA ESTE TEMA

Para trabajar con este tema, revisa el léxico, comprueba las palabras que conoces, aprende las nuevas y realiza las actividades.

Elementos arquitectónicos

el arco	el exterior	el monumento	la pirámide	el techo
la columna	la fachada	cl muro	la puerta	el tejado
el edificio	el interior	el patio	el suelo	la ventana

Cualidades de una obra de arte

la armonía	la belleza	la estética
el arte / estilo clásico / moderno…	el colorido	la pureza
el arte contemporáneo / abstracto	el equilibrio	la sensibilidad
la obra representativa / desconocida		

1 ¿Qué características son más importantes para ti para decir que una obra te gusta? ¿Por qué?

Lugares para el arte

la exposición	la galería de arte	el museo	la subasta
la feria de arte	la muestra de arte	la pinacoteca	el taller

Material de construcción

1. el acero	4. el cemento	7. el hierro	10. el mármol
2. el barro	5. la cerámica	8. el ladrillo	11. la piedra
3. el bronce	6. el cristal	9. la madera	12. la teja

2 Identifica el material.

Expresión escrita

Tienes que describir un edificio que conoces. Elige una de las situaciones:

▶ Describes tu casa para que un amigo la conozca.

▶ Describes un edificio singular para la guía turística de tu ciudad.

Tema 9

MOMENTOS DE LA HISTORIA

De la Historia se han dicho muchas cosas. Aquí tienes algunas:

«La Historia está escrita por los vencedores».

«La Historia se repite: el hombre no aprende de los errores del pasado».

«Nuestro único deber con la Historia es reescribirla», Oscar Wilde.

▶ **Infórmate:** Historia del mundo hispano

▶ **Reflexiona y practica:** Los verbos de voluntad e influencia

▶ **Crea con las palabras:** Las etapas de la historia

▶ **Exprésate:** Guerra y paz

Comenta con tus compañeros las frases. ¿Qué implicaciones tienen? ¿Estás de acuerdo con ellas?

Relaciona los nombres de las etapas de la historia con los siglos que abarcan. ¿Puedes mencionar acontecimientos históricos que ocurrieron en cada periodo?

Prehistoria

Edad Antigua

Edad Media

Edad Moderna

Edad Contemporánea

⧗ DESDE LA REVOLUCIÓN FRANCESA HASTA LA ACTUALIDAD.

⧗ DESDE LA APARICIÓN DE LOS PRIMEROS HOMBRES HASTA EL NACIMIENTO DE LA ESCRITURA.

⧗ DESDE EL SIGLO XV HASTA LA REVOLUCIÓN FRANCESA, EN EL SIGLO XVIII.

⧗ DESDE EL NACIMIENTO DE LA ESCRITURA HASTA LA CAÍDA DEL IMPERIO ROMANO (S. V).

⧗ DESDE LA CAÍDA DEL IMPERIO ROMANO (S. V) HASTA LA CAÍDA DE CONSTANTINOPLA (M. S. XV), LA INVENCIÓN DE LA IMPRENTA O LOS VIAJES DE CRISTÓBAL COLÓN (F. S. XV).

MOMENTOS DE LA HISTORIA

Infórmate

A UN CONCURSO DE TELEVISIÓN

 Vas a oír una parte de un concurso de televisión en el que se habla de importantes acontecimientos históricos. Escucha y di si las siguientes afirmaciones son verdaderas o falsas.

▶ Los dos concursantes afirman saber mucho de Historia.

▶ Ellos han de elegir uno de cuatro sobres.

▶ Cada sobre contiene preguntas de etapas históricas distintas.

▶ Cada concursante tiene 3 minutos para responder.

▶ El sobre escogido por la concursante trata de la conquista del Imperio Azteca por Hernán Cortés.

 Escucha y responde a las siguientes preguntas:

1. ¿Qué pueblo se instaló en España después de los romanos?

2. ¿En qué año y con qué motivo se produjo la entrada de los musulmanes en la Península?

3. ¿Cuál era el nombre del Cid Campeador?

4. ¿Dónde comenzó la Reconquista y en qué dirección avanzó?

5. ¿Qué rey cristiano del siglo XIII propulsó la cultura?

6. ¿Por qué destacó la ciudad de Córdoba entre las ciudades europeas?

7. ¿Cómo se llamó a los cristianos residentes en tierras musulmanas?

a) Mudéjares

b) Moriscos

c) Mozárabes

interactúa

Tu concurso histórico ▶

Ahora, en grupos de cuatro, continuad las preguntas del concurso con el texto de la Guerra Civil para hacérselas a vuestros compañeros. ¡A ver qué grupo sabe más!

B LA SEGUNDA REPÚBLICA Y LA GUERRA CIVIL ESPAÑOLA

Lee este texto e infórmate.

En 1931 se celebraron unas elecciones en las que ganaron los partidos monárquicos, pero en las grandes ciudades el resultado fue una gran mayoría que apoyaba a la República. El presidente de la monarquía dimitió y se proclamó la Segunda República, y el rey Alfonso XIII, abuelo del rey D. Juan Carlos I, abandonó el país.

El Ejército y la Iglesia recibieron a la República con temor; el pueblo, con demasiada esperanza. Alcalá Zamora se convirtió en presidente de la República y el escritor y político Manuel Azaña, en presidente del gobierno. Se hizo una repartición de las tierras entre los campesinos que las trabajaban, se permitió el derecho a voto a las mujeres y el divorcio.

Más tarde subió al poder la derecha, anulando algunas de las leyes firmadas. El miedo a que ocurriera en España lo que estaba sucediendo en Europa con los nacionalismos desató una revuelta en diferentes puntos. El movimiento revolucionario fue sofocado rápidamente por el ejército en Madrid y Cataluña, pero triunfó en Asturias y el norte de León. Es la revolución del 34, que fue reprimida de una manera brutal por las legiones africanas -la sección del ejército más sanguinaria- dirigidas por el general Franco. El 18 de julio de 1936 estalló un golpe de Estado militar que fracasó, lo que provocó la Guerra Civil (1936-1939) que terminó con la victoria de los sublevados el 17 de abril y el final de la República.

Fue una guerra entre dos bandos: los fieles a la República, que era la mayoría de la población, con diferentes ideologías (socialistas, comunistas, anarquistas, republicanos, de derecha moderada, etc.), y los nacionalistas, que aunque eran una minoría, contaban con el ejército mejor organizado, y con el apoyo de la Iglesia y los terratenientes, así como de la Italia de Mussolini y la Alemania de Hitler. Hubo grupos de voluntarios que vinieron a España a luchar contra el Fascismo: las Brigadas Internacionales.

Como hechos heroicos, cabe destacar la resistencia de los madrileños, que aguantaron 3 años contra fuerzas muy superiores al grito de «No pasarán». Otro hito fue la Batalla del Ebro, ganada por los republicanos, pero que no les libró de perder la Guerra.

 Ahora, participa con tu clase en el concurso. Escucha la pregunta y responde. Quien responde antes gana.

C LA EDAD MODERNA

Lee el siguiente texto y responde a las preguntas.

Infórmate

Podemos decir que la Edad Moderna es una de las más importantes de la historia de la humanidad. Numerosos descubrimientos ocurren en esta época, tanto geográficos como científicos: el telescopio, el microscopio y el termómetro, entre otros. En este periodo se vuelve la vista atrás a la Roma y la Grecia antiguas y se abandona la época de oscurantismo de la Edad Media, por lo que al siglo XVI se le llama *Renacimiento*. Además, dos mundos que habían permanecido aislados durante muchos siglos se redescubren: América, al que los europeos llamaron *Nuevo Mundo*, y los continentes de Asia y África.

Económicamente, adquiere mucho poder una clase que hasta ahora tenía una importancia limitada: la burguesía. La nobleza y su influencia en los reyes pasa a perder terreno frente a esta nueva clase.

Esta etapa no fue muy fructífera para España, que la empezó siendo una gran potencia mundial, temida por todos, pero que terminó perdiendo su poder debido a malas gestiones administrativas y a falta de previsión. Dos importantes hechos históricos reflejan esta caída: la derrota de la flota naval -la Armada Invencible- a manos de los ingleses, ya en la segunda mitad del siglo XVI, y la Guerra de los treinta años, en el siglo XVII, en la que España perdió Gibraltar. La enorme extensión del imperio y los continuos enfrentamientos con otros países, hace difícil mantenerlo como en sus primeros tiempos. Otro hecho importante que favorece que España pierda poder, en este caso económico, es que no puede defender su actividad comercial con las Indias (de donde provenía la mayor parte de riqueza para sufragar las numerosas guerras), puesto que proliferan los corsarios y piratas. El desencanto de los españoles de ese momento aparece reflejado en las grandes obras de Cervantes, Quevedo o Góngora.

El siglo XVIII, por su parte, es el siglo de la razón, de las luces. El sistema político era la monarquía absoluta y tomó el nombre de *Despotismo Ilustrado*: Todo para el pueblo, pero sin el pueblo. En España, el siglo comienza con una cruenta guerra de sucesión, por la cual hubo un cambio dinástico: se pasó de los Austrias, que comenzó con Carlos I (el nieto de los Reyes Católicos), a la dinastía de los Borbones, que continúa en la actualidad.

1. ¿Por qué se considera esta época una de las más importantes de la historia?

2. ¿Qué hace que España deje de ser una potencia mundial?

3. ¿Por qué el comercio con el Nuevo Mundo era tan importante para España?

4. ¿Cuándo ocurre el cambio dinástico español? ¿Qué familia sube al poder?

interactúa

¿Qué ocurrió ▶

1. Explica a tus compañeros qué cambios ocurrieron en tu país entre los siglos XVI - XVIII.

2. En esta época se hicieron grandes inventos como los que aparecen en el texto, pero también la máquina de vapor o los billetes bancarios. Busca información sobre quién y cuándo se inventaron algunas cosas fundamentales para la vida humana (el coche, la lavadora, el teléfono, la bombilla, la radio, la fotografía, las cremalleras...) y explícalo al resto de la clase.

MOMENTOS DE LA HISTORIA

▶ Reflexiona y practica

1 Los verbos de voluntad e influencia

Hay un grupo de verbos que expresan la voluntad del que habla; pueden expresar ruego, mandato, obligación, prohibición...

> Estos verbos funcionan de la siguiente manera:
>
> ▶ **Con el <u>mismo</u> sujeto:** verbo + infinitivo.
> *Quiero votar por un personaje conocido internacionalmente.*
>   yo   yo
>
> ▶ **Con un sujeto distinto en la segunda frase:** verbo + *que* + subjuntivo.
> *Deseo que salga elegido un personaje interesante por su vida.*
>   yo   un personaje

Algunos verbos de **voluntad**: *querer, desear, necesitar, procurar, intentar, decidir, negarse a, aceptar, exigir,* etc.

2 La forma correcta

Elige la opción correcta en cada caso.

3 ¿Conoces a la princesa de Éboli?

Lee esta pequeña biografía sobre ella.

▶ Intentaré *que pueda / poder* saber más de la historia de España. (yo)

▶ Necesito *que busquemos / buscar* más información sobre algunos personajes. (nosotros)

▶ Me niego a *que acepte / aceptar* que el español de la historia pueda ser alguien como él. (yo)

▶ Exigimos *que se hagan / hacerse* públicas las reglas en la elección. (ellas)

▶ He procurado *que no me entusiasme / no entusiasmarme* con los resultados. (yo)

ANA DE MENDOZA Y LA CERDA

Nació en Cifuentes (Guadalajara) en 1540. Era hija de don Diego de Mendoza, nieto del cardenal Mendoza, y por tanto, pertenecía a una familia de los Grandes de España. Se cree que durante su niñez sufrió un accidente de esgrima en el que perdió su ojo. Por esa razón aparece siempre con un **parche**. Aun apareciendo en público siempre con él, en todos los escritos se hace referencia a ella por su extremada belleza.

En 1552, a los 12 años se casó con Rui Gomes de Silva, 34 años mayor que ella. Pero el matrimonio no se consumó hasta que ella no tuvo una edad apropiada, 5 años después. Durante el matrimonio tuvieron 6 hijos.

En 1559, Rui compró la ciudad de Éboli en el reino de Nápoles y Felipe II le nombró Príncipe de Éboli, por lo que Ana pasó a ser la princesa de Éboli. También compró diferentes **villas** españolas, siendo una de ellas Pastrana, localidad que marcará la vida de esta mujer.

Su marido murió repentinamente en 1573 y ella, muy apenada, decidió dejar la **corte** en Madrid para ingresar en el convento de Pastrana. Allí, lejos de seguir las normas estrictas de las monjas, quería vivir rodeada de sirvientas y haciendo lo que le apetecía, por lo que al poco tiempo se cansó y volvió a la corte madrileña. Al cabo de unos meses se enamoró de Antonio Pérez, el secretario de confianza de Felipe II, y se convirtió en su amante. La relación se mantenía en secreto, pues no hubiera sido bien vista: él estaba casado y ella era viuda y debía respetar la memoria de su difunto marido.

Las diferentes **intrigas** políticas de Pérez y la vida escandalosa que llevaban ambos hicieron que Felipe II ordenara arrestarlos. A ella la mandó presa al palacio de Pastrana en 1581, retirándole la custodia de sus hijos -algo terrible para ella- y la administración de sus bienes. Antonio Pérez **se fugó** en 1585. Al conocer el suceso, el rey Felipe II mandó poner **rejas** en todas las puertas y ventanas del palacio de Pastrana para evitar la entrada del amante escapado.

A partir de ese momento la princesa se asomó, a diario y siempre a la misma hora, por la reja de una ventana que daba a la plaza, hasta el día de su muerte en 1592. Por ese motivo a esa plaza se la llama desde entonces la plaza de la Hora.

Busca entre las palabras marcadas en negrita cuál se ajusta a las definiciones.

> Escaparse, huir • Acción oculta para conseguir algo • Pedazo de tela para tapar algo •
> Barrotes metálicos • Personas que acompañan al rey • Población con ciertos privilegios

Imagina qué pudo decir la princesa de Éboli en estos momentos. Utiliza en las respuestas diferentes verbos de voluntad e influencia.

Reflexiona y practica

▶ Cuando perdió su ojo en un accidente de esgrima.

▶ Al saber que se iba a casar con Rui Gomes de Silva, un hombre 34 años mayor que ella.

▶ Al quedarse viuda repentinamente con seis hijos y sentirse muy apenada.

▶ Cuando estaba en el convento de monjas que llevaban una vida austera y muy estricta.

▶ En el momento en el que conoce a Antonio Pérez y se enamora locamente de él, sin importarle que fuera un hombre casado.

▶ Durante el momento en el que se la llevan presa al palacio de Pastrana por orden de Felipe II.

4 Mujeres protagonistas de la historia

Observa a estas mujeres y forma las frases de sus deseos de forma correcta. Después, indica, con la información que has obtenido, qué sabes de ellas.

Isabel la Católica

Deseo…

▶ *Toda la Península Ibérica estar bajo una misma Corona y una misma religión.*

▶ *El cristianismo extenderse por todo el mundo.*

▶ *Granada ser cristiana.*

▶ *Colón descubrir nuevas tierras.*

Yo solo quiero…

▶ *Reconocerse el derecho al voto de las mujeres.*

▶ *Las mujeres tener los mismos derechos que los hombres.*

▶ *Haber igualdad entre todos los ciudadanos.*

Clara Campoamor

Evita

Mi único anhelo y deseo ha sido y es…

▶ *Argentina ser en el siglo XX un país fuerte.*

▶ *Los pobres tener ilusión.*

▶ *Enamorar a mis ciudadanos.*

Hermanas Mirabal

Hemos luchado porque deseamos…

▶ *Nosotras escapar de la tiranía y dictadura de Trujillo.*

▶ *Toda la República Dominicana ser libre.*

▶ *No haber más injusticias.*

interactúa

Personajes de la historia

Piensa en un personaje de la historia e imagina sus deseos. Escríbelos y léeselos a tus compañeros para que descubran aspectos de su vida y obra.

CUESTIÓN DE SALUD

► **Reflexiona y practica**

1 El futuro y el condicional para expresar hipótesis

No siempre usamos el futuro y el condicional para hablar de cosas que van a pasar próximamente. Fíjate en el cuadro.

FORMAS SIMPLES

► Usamos el futuro, en el presente, para expresar una idea insegura, tan solo probable.
Ahora, Pepe estará haciendo régimen; lo veo más delgado. → Nos indica que se trata de una hipótesis, que no sé con certeza qué está pasando ahora.
Ahora Pepe está haciendo régimen. Me ha llamado y me lo ha dicho. → Nos indica que es seguro.

► Usamos el condicional, en el pasado, para expresar lo mismo: una hipótesis.
No vino Marta ayer porque tendría dolor de cabeza; le duele muchas veces. → Estoy imaginando esa posibilidad; es bastante probable, pero no segura.
Ayer no vino Marta porque tenía dolor de cabeza. Me lo ha dicho hoy. → Indico que eso es seguro.

FORMAS COMPUESTAS

► Cuando usamos el futuro compuesto, expresamos una idea insegura, tan solo probable en pretérito perfecto.
Pepe habrá comido en casa, porque mira qué desorden hay en la cocina. → Nos indica que se trata de una hipótesis.
Pepe ha comido en casa. Me acaba de llamar y me lo ha contado. → Nos indica que es seguro.

► Cuando usamos el condicional compuesto, expresamos lo mismo: una hipótesis referida a algo que pasó en pretérito pluscuamperfecto.
¿Que por qué no vino Marta? Pues porque habría quedado con su novio. → Estoy imaginando esa posibilidad; es bastante probable, pero no segura.
¿Que por qué no vino Marta? Pues porque había quedado con su novio. Me lo ha dicho hoy. → Indico que eso es seguro.

2 En la sala de espera, haciendo suposiciones

En la sala de urgencias un paciente está esperando a que lo atienda el doctor desde hace dos horas. Se encuentra mal y no para de hacer suposiciones de por qué no llega. Ponlas en el tiempo correcto.

La semana pasada pidió unas vacaciones y no lo saben aquí.

Hay huelga de médicos hoy.

Está en la cafetería charlando con un colega.

Se ha quedado atrapado en el ascensor y no puede llegar.

¿Quiere ser un médico antipático como House?

El director le había concedido un traslado a otro hospital y no ha avisado.

3 El tiempo pasa y el doctor está agobiado

Unas horas más tarde el Dr. Martínez llega. Está nervioso. Ayúdale, antes de que su paciente se enfade más, y pon los verbos en la forma adecuada.

¿.............. (Ser) este mi paciente? Seguro que .... (estar) enfadado y ahora me va a gritar. Pero no es culpa mía, siento llegar tarde, es que .... (tener) un día horrible. Cuando he salido de casa, mi coche no .... (funcionar). ¿Qué le .... (pasar)? Porque luego ha funcionado bien. ¿.............. (Ser) el motor? Ayer Marta lo llevó al taller. ¿Qué le .... (decir) el mecánico? Bueno, no sé. Voy a hablar con este hombre. ¿Qué le .... (pasar)? No parece tener buena cara. Seguro que se .... (pasar) toda la tarde esperando y por eso ahora está así, con esa cara de estar mal. ¿Le .... (decir) mi secretaria que yo los miércoles suelo llegar tarde? Seguro que no, es tan despistada como yo. Bueno, voy a preguntarle.

4 Una consulta por el móvil

Una mujer hace una consulta, pero su móvil no tiene demasiada cobertura, por lo que el doctor solo entiende parte de lo que le dice y hace algunas suposiciones. ¿Puedes escribir lo que crees que supone?

Reflexiona y practica

Ayer .... yo .... coche
roto .... autostop ....
hotel .... desayuno ....
champán y bombones .... noche
malísima .... ver ....
hoy ....

5 Expresiones para formular hipótesis y posibilidad

Además del futuro y del condicional, hay otras maneras de expresar hipótesis en español. Observa el cuadro.

A lo mejor + indicativo • *Rafael no ha venido. —A lo mejor está enfermo.*	**Lo más seguro / probable es que + subjuntivo** • *Rafael no ha venido. —Lo más seguro / probable es que esté enfermo.*
Quizá(s) / Tal vez + subjuntivo • *Rafael no ha venido. — Quizá / Quizás esté enfermo.*	**Yo diría que + indicativo** • *Rafael no ha venido. —Yo diría que está enfermo.*
Puede (ser) que / Es posible que + subjuntivo • *Rafael no ha venido. —Puede que esté enfermo.*	**Igual + indicativo (coloquial)** • *Rafael no ha venido. —Igual está enfermo.*
Seguramente / Probablemente / Posiblemente + indicativo / condicional • *Rafael no ha venido.* *— Seguramente / Probablemente / Posiblemente está enfermo.* • *Le llamé al hospital muchas veces, pero no cogió el teléfono.* *— Seguramente no lo oiría. / Seguramente lo habría dejado en casa.*	**Debe de + infinitivo** • *Rafael no ha venido. —Debe de estar enfermo.* **Seguro que + indicativo** • *Rafael no ha venido. —Seguro que está enfermo.*

6 Cotilleos

Se han publicado las siguientes noticias sobre tu clase. Ponles nombre a cada una y haz después hipótesis sobre los hechos.

.... y .... se fueron a hacer senderismo a los Picos de Europa y .... se rompió una pierna intentando subirse a un árbol.

Han visto a ...., de madrugada, cantando canciones de amor bajo una ventana de un hospital.

.... se ha llevado su gato al hospital y ha armado un escándalo porque no le dejan que se quede con él / ella.

.... se ha encerrado en un baño y grita que no quiere salir de ahí hasta que no vaya el director para recibir sus quejas personalmente.

.... ha llegado a clase con una mochila llena de medicinas e instrumentos médicos.

Ayer .... apareció en clase con gafas de sol y no se las quitó en ningún momento.

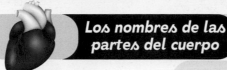

CUESTIÓN DE SALUD

Crea con las palabras

Los nombres de las partes del cuerpo

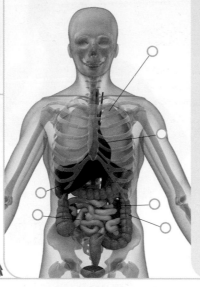

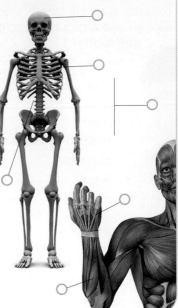

1 Relaciona los nombres con las imágenes.

1. Cerebro
2. Columna
3. Corazón
4. Costilla
5. Cránco
6. Esqueleto
7. Hígado
8. Intestino delgado
9. Intestino grueso
10. Médula
11. Músculo
12. Nervio
13. Pulmón
14. Riñón
15. Tendón

Síntomas

2 Estos son algunos síntomas que utilizamos para explicar cómo nos sentimos cuando estamos enfermos. Enlázalos con sus enfermedades y añade alguno más.

tener mareos y náuseas
tener escalofríos y fiebre
estornudar y tener tos
tener ronchas o sarpullidos
tener diarrea
sentir debilidad
tener dolor de cabeza
tener picor en ojos y nariz
estar afónico
tener dolor de garganta

Tener la gripe
Tener problemas estomacales
Tener alergias
Estar constipado

10 palabras importantes de la farmacia

Búscalas en esta sopa de letras. Aquí tienes algunas pistas.

1. Papel que va con las medicinas y que explica las contraindicaciones, dosis, etc. P _ _ _ _ _ _ _ _
2. Crema medicinal. P _ _ _ _ _
3. Tira adhesiva que se coloca en heridas pequeñas. T _ _ _ _ _
4. Tejido esterilizado para proteger heridas. G _ _ _
5. Tira de tejido que se utiliza para inmovilizar un miembro después de una contusión. V _ _ _ _
6. Medicina que se bebe. J _ _ _ _ _
7. Medicina líquida para ojos y oídos. G _ _ _ _
8. Nota escrita por el médico con el nombre de una medicina. R _ _ _ _ _
9. Medicina que se introduce en el cuerpo. S _ _ _ _ _ _ _ _ _ _
10. Medicamento que calma el dolor. A _ _ _ _ _ _ _ _ _

P	O	M	A	D	A	B	A	S	E	R	T	Y
R	R	S	V	Ñ	D	K	T	I	R	I	T	A
O	D	U	E	P	S	S	E	O	L	U	B	N
S	A	O	N	O	A	A	C	L	U	B	E	A
P	U	I	D	R	G	I	E	I	B	G	I	L
E	U	O	A	Y	A	D	R	H	A	O	O	G
C	A	K	S	Ñ	S	T	U	K	U	T	H	E
T	S	J	D	J	A	R	A	B	E	A	G	S
O	R	O	O	I	E	E	F	D	C	S	Q	I
T	O	I	R	O	T	I	S	O	P	U	S	C
A	T	L	O	I	S	R	L	I	J	O	E	O

CUESTIÓN DE SALUD

De dos en dos

En parejas, uno de vosotros va a elegir el tema A y el otro el tema B. Tienes que conseguir dejar sin argumentos al otro y hacer que quiera adoptar tu opinión. Gana un punto el que logre convencer al otro.

Exprésate

A

▶ Crees que es necesario comer de todo, y cuanta más variedad mejor.

▶ Es importante pasar mucho tiempo en el gimnasio para hacer mucho ejercicio físico.

▶ Piensas que fumar puede ser un placer y todo el mundo tiene el derecho de hacerlo.

▶ Consideras que la medicina alternativa es muy efectiva y más sana que la tradicional.

▶ Para ti, la sociedad actual está obsesionada con la limpieza.

▶ No puedes entender cómo la gente se pasa la mitad de la vida durmiendo.

▶ Hay que estar siempre elegantemente vestido, aunque pueda resultar incómodo.

▶ Es importante tenerlo todo cerca y evitarte el estrés de los desplazamientos, aunque tengas que vivir en una zona más poblada.

▶ Piensas que, al menor síntoma, debes acudir al médico para que te dé medicinas.

B

▶ Piensas que ser vegetariano es lo mejor y lo más saludable.

▶ Es recomendable tener una vida relajada, descansando mucho en casa.

▶ Eres totalmente antitabaco. No soportas tener a ningún fumador cerca.

▶ La medicina tradicional es la más efectiva y segura para curar.

▶ Es importante mantener nuestro entorno y nuestro cuerpo libre de bacterias.

▶ Estás convencido de que es imprescindible para el cuerpo irse a dormir cada día a la misma hora y dormir ocho horas.

▶ Hay que evitar que el cuerpo sufra con cosas solo para tener buena imagen como maquillaje, tacones, corbatas...

▶ Es necesario vivir en una zona tranquila, aunque tengas que desplazarte cuando necesitas ir a trabajar, a estudiar, a comprar...

▶ Consideras que solo hay que ir al médico cuando realmente estás enfermo, porque el propio cuerpo tiene mecanismos de defensa.

PREPÁRATE PARA ESTE TEMA

Antes de entrar en el módulo, revisa el léxico, comprueba las palabras que conoces, aprende las nuevas y realiza las actividades.

Médicos y personal sanitario

alergólogo	dentista	médico de cabecera	otorrinolaringólogo
anestesista	dermatólogo	neurólogo	pediatra
asistente social	fisioterapeuta	oculista	psicólogo
cardiólogo	geriatra	odontólogo	psiquiatra
cirujano	ginecólogo	oftalmólogo	traumatólogo
			urólogo

1 Relaciona la parte del cuerpo con el especialista.

a. cardiólogo	**1.** aparato genital femenino
b. dentista	**2.** corazón
c. dermatólogo	**3.** garganta
d. fisioterapeuta	**4.** huesos
e. ginecólogo	**5.** muelas
f. oculista	**6.** músculos
g. otorrinolaringólogo	**7.** ojos
h. traumatólogo	**8.** piel

2 Identifica la enfermedad o el problema.

▶ Dolor de cabeza, estar afónico, estornudar, tener unas décimas. ....

▶ Dolor de cabeza, dolor de garganta, sentir debilidad, tener fiebre alta. ....

▶ Dolor de estómago, tener diarrea, tener náuseas. ....

▶ Salirle un moratón, dolerle el tobillo. ....

3 Relaciona el problema con el posible remedio.

a. dolor de cabeza	**1.** una dieta
b. romperse un hueso	**2.** un masaje
c. tener el colesterol alto	**3.** un medicamento
d. tener ronchas	**4.** una pomada
e. dar un tirón	**5.** una venda
f. torcerse el tobillo	**6.** un yeso

Síntomas y accidentes

ataque al corazón
ataque epiléptico / de ansiedad
dolerle la cabeza / garganta
enfermedad crónica / leve / grave / hereditaria
estar afónico
estar bajo de defensas
estornudar
hacerse un corte / un esguince / una herida
no estar en forma
perder el apetito / las ganas de comer
romperse un hueso
salirle un moratón
sentir debilidad
tener décimas
tener azúcar
tener diarrea
tener dolor de cabeza / garganta
tener el colesterol alto
tener escalofríos / fiebre / mareos / náuseas
tener la tensión alta / baja
tener picor de ojos / nariz
tener ronchas / sarpullidos
tener tos
dar un tirón
tener una contractura
torcerse un tobillo

Expresión escrita

Vas a describir los síntomas de una enfermedad y sus posibles remedios o tratamiento. Piensa en una que conozcas bien y elige una de las siguientes situaciones:

▶ Has pasado la enfermedad después de hacer lo que el médico te recetó. Escribes una carta a un familiar y se lo cuentas.

▶ Eres médico y un paciente de un colega ha venido a verte y le has diagnosticado una enfermedad. Escribes a tu colega para explicárselo.

▶ Tienes unos síntomas concretos y has decidido acudir a un centro de medicina alternativa para que traten tu caso. Escribe al centro del tipo de medicina que quieras explicándoles qué te pasa.

Tema 11

EL SISTEMA LABORAL ESPAÑOL

Reflexiona sobre estas citas:

▶ «El trabajo es el refugio de los que no tienen nada que hacer», Oscar Wilde

▶ «Es más fácil saber cómo se hace un trabajo que hacerlo», proverbio chino

▶ «Si todo el año fuese fiesta, divertirse sería más aburrido», William Shakespeare

▶ «El arte del descanso es una parte del arte de trabajar», John Steinbeck

▶ «Encuentra la felicidad en el trabajo o no serás feliz», Cristóbal Colón

▶ «El que de mañana se levanta, en su trabajo adelanta», Refranero español

▶ **Infórmate:** El sistema social

▶ **Reflexiona y practica:** Oraciones condicionales

▶ **Crea con las palabras:** El trabajo

▶ **Exprésate:** Entrevista

Lee estos anuncios de trabajo. ¿En cuál estarías interesado? ¿Por qué? Luego, tomándolos de modelo, escribe tu propio anuncio para tu trabajo ideal.

1 ¿JOVEN Y SIN TRABAJO?
ESTA ES TU OPORTUNIDAD

La Asociación de Familias Inglesas en España busca:

Jóvenes dispuestos a ejercer de canguros en régimen de pensión completa. Imprescindible conocimientos de inglés, estar dispuestos a ayudar a los niños en sus estudios, por lo que se apreciará titulación superior. Se valorará así mismo la creatividad y la experiencia previa con niños. Imprescindible título de Primeros Auxilios.

Exigencias acordes con el sueldo.

¡Llámanos! Tel. 985564779

2 Empresa multinacional líder en el sector de
fabricación de maquinaria industrial
busca

Personas jóvenes con diplomatura en Gestión y Dirección de Empresas o estudios similares, para llevar la contabilidad de sus oficinas. Se valorarán la capacidad de iniciativa y los conocimientos informáticos. Imprescindible inglés y alemán hablado y escrito. Enviar CV a www.multindtra.com

3 EDITORIAL NUEVA

busca jóvenes con iniciativa y creatividad dispuestos a trabajar en equipo en la elaboración de libros de texto de Bachillerato de todas las especialidades.

Imprescindible: diplomatura o licenciatura y conocimientos de Pedagogía.

Se apreciará la experiencia en este campo, aunque no es obligatorio.

Interesados contactar con Ana Alonso, en el tel. 980345664

4 URGE monitor de tiempo libre

Para campamento de verano. Con experiencia en el trato de niños y curso de Primeros Auxilios.

Se apreciarán los conocimientos relacionados con el trabajo. Imprescindible tener carné de conducir.

Tel. 982345643

5 Importante firma extranjera de
productos químicos busca
SECRETARIA/O

PERFIL REQUERIDO:
• Dominio de inglés.
• Nivel medio de francés o de alemán.
• Conocimientos de otro idioma.
• Conocimientos de informática.
• Se requiere carné de conducir y vehículo propio.

*Incorporación inmediata. Buen sueldo.
Contrato indefinido.* Tel. 987761223

EL SISTEMA LABORAL ESPAÑOL

A EL SPEE

Lee e infórmate. Luego, sustituye las palabras en negrita por uno de estos sinónimos.

ayudas

trabajo

tramitación

paro

preguntas

El Servicio Público de Empleo Estatal (SPEE) es un organismo autónomo de la Administración General del Estado español cuyas funciones principales son: la gestión del **empleo**, registro público de los contratos, la **gestión** de subvenciones a las empresas y la gestión de las prestaciones por **desempleo**. Anteriormente el organismo recibía el nombre de Instituto Nacional de Empleo o INEM.
El SPEE tiene repartidas por el territorio español numerosas oficinas en las que los ciudadanos pueden informarse de ofertas de trabajo y de las posibles **prestaciones** a las que pueden tener acceso. La mayoría de estas **consultas** también pueden hacerse a través de la red en redtrabaja.es o en sistemanacionalempleo.es.

B BUSCANDO INFORMACIÓN

 Escucha la audición y di si las afirmaciones siguientes son verdaderas o falsas:

La mujer que solicita la prestación no es española.	V	F
La funcionaria cree que le corresponde una ayuda económica.	V	F
El hombre debe cumplimentar una solicitud para inscribirse en el curso.	V	F
Que pueda hacer el curso o no depende de la gente que se presente.	V	F
El curso tiene un coste muy bajo.	V	F
La persona que va a sellar su hoja de paro se equivoca de mostrador.	V	F
Él está preocupado por si pierde la ayuda de desempleo.	V	F

 Vuelve a escucharla y completa la tabla siguiente:

	MUJER	HOMBRE 1	HOMBRE 2
¿Por qué acuden a la oficina de empleo?			
¿Qué trámites deben hacer allí?			
¿Están en el mostrador correcto?			
¿Crees que se van contentos con la atención recibida?			

C PRESTACIÓN POR DESEMPLEO

Lee el siguiente texto.

Infórmate

Para acceder a la prestación por desempleo, coloquialmente llamado *cobrar el paro*, se requiere la cotización previa del trabajador a la Seguridad Social y no tener un trabajo o pasar a una reducción de una tercera parte de la jornada laboral. Si no se da el caso, no es posible cobrarla.

Pueden solicitarla todos los ciudadanos españoles que hayan trabajado para una empresa perteneciente a la Unión Europea y los ciudadanos de otros países que residan legalmente en España. También los españoles que han trabajado en el extranjero (siempre que el desempleado se traslade a España), trabajadores con regímenes especiales (trabajadores de la minería, agricultura, pesca, ejército...), personas que deban abandonar su trabajo por causa de violencia de género y también presos que hayan cumplido su condena o tengan libertad condicional.

La duración de la prestación depende del tiempo que se haya estado cotizando en los años previos. El mínimo cotizado debe ser 360 días y, en ese caso, se tiene derecho a cuatro meses de paro; el máximo cotizable son seis años, con un derecho a prestación de dos años.

La cuantía de la misma viene determinada por lo que se cotizó los 180 días previos a encontrarse en situación de desempleo, pero suele ser un 70% de su sueldo. Sin embargo, hay múltiples variantes que pueden afectar a la cantidad que se percibe: tener hijos a su cargo, el tipo de jornada (parcial o completa) por la que se ha estado cotizando, etc.

El pago de la prestación se realiza mensualmente entre los días 10 y 15 de cada mes, mediante el ingreso en la cuenta que ha facilitado el desempleado y de la que debe ser titular, aunque también existe la posibilidad de recibir el importe total o parcial de la prestación en un pago único.

¿En qué párrafos se encuentra esta información?:

▶ Las variaciones que afectan a la cantidad que se puede recibir.

▶ Formas de cobro de la prestación.

▶ Requisito fundamental para acceder a ella.

▶ Tipos de asalariados que optan a esta ayuda.

▶ El tiempo que se cobra.

interactúa

¿Y tú ▶

▶ ¿Qué organismos equivalen al SPEE en tu país?

▶ ¿Existen ayudas económicas para el desempleo? ¿Qué requisitos hay que cumplir para recibirlas? ¿Qué otras ayudas existen?

▶ ¿A qué edad se suele jubilar la gente?

▶ ¿Qué hace la gente desempleada para buscar trabajo en tu país?

► **Reflexiona y practica**

1 Las oraciones condicionales reales

Observa.

Situaciones reales o posibles en un tiempo presente

▶ **Si** + presente de indicativo + presente (algo habitual)
Si los trabajadores se quedan en paro, tienen derecho a subsidio.

▶ **Si** + presente de indicativo + futuro (algo que posiblemente pasará)
Si consigue ese título, le aumentarán el sueldo, ¿no?

▶ **Si** + presente de indicativo + imperativo (petición o consejo, con una condición previa)
Si quieres aprender a manejar la hoja de cálculo, apúntate a ese curso.

Situaciones reales o posibles en un tiempo pasado

▶ **Si** + imperfecto de indicativo + imperfecto de indicativo (habitual en pasado)
Si llegaba tarde a trabajar, nadie le decía nada.

▶ **Si** + pretérito perfecto + presente de indicativo / futuro (algo pasado con consecuencias en el presente)
Si has trabajado toda la noche, es normal que te duela todo.

2 La agencia de servicios Arreglalotodo

La agencia Arreglalotodo está a punto de celebrar su vigésimo quinto aniversario y ha decidido lanzar una campaña publicitaria recordando lo que ofrece. Completa el anuncio y escribe seis frases más siguiendo el modelo:

AGENCIA ARREGLALOTODO

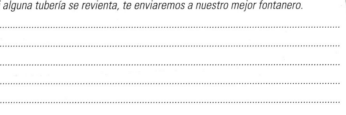

decoradores – limpiadoras – técnicos – fontaneros –
electricistas – carpinteros – cerrajeros – mecánicos

Si el coche te deja colgado en medio de la autopista, llama a nuestros mecánicos.
Si alguna tubería se revienta, te enviaremos a nuestro mejor fontanero.

....
....
....
....
....
....

3 Otros nexos

Observa.

▶ **Como** + subjuntivo + indicativo
Como dimita, lo mataré / lo mato. / Como las oposiciones no fueran justas, las impugnaba.

▶ **Siempre que, siempre y cuando, a condición de que** + subjuntivo
Me quedaré en este trabajo, siempre y cuando haya un buen ambiente. / Me quedaría unas horas más, a condición de que me pagaran horas extras.

4 Unos empleados un tanto especiales

Algunos de los empleados de la agencia son un poco especiales. Mira lo que dice el taxista, un tanto quisquilloso, de las cosas que hace habitualmente con sus clientes.

> *Si hay mucho tráfico, le pongo música* chill out *y si, por el contrario, está dormido, le pongo un par de canciones de AC/DC para que le entre energía, ¡je, je...!*

> *Siempre y cuando me deje propina, le dejo tumbarse en el asiento e incluso cantar las canciones de la radio.*

> *¡Eso sí! Como no me haga caso, paro el coche y se baja.*

¿Qué crees que harán con sus clientes estas personas?

limpiadora escrupulosa • decorador excéntrico • camarero quisquilloso

5 Los empleados jubilados

Con motivo del 25.° aniversario de la agencia, han decidido hacer una fiesta. Han invitado a todos sus empleados, incluyendo a las personas que se han jubilado. Como es habitual, estos no paran de contar anécdotas de sus tiempos pasados.

> *Pues yo era el mensajero en el 89. ¡Ay, qué tiempos aquellos! Recuerdo que si me encontraba con un atasco, pasaba entre los coches como una bala...*

¿En qué situaciones crees tú que la cocinera hacía estas cosas?

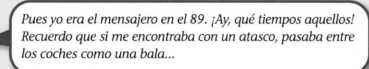

Si..., me sentaba y esperaba un rato.
Si..., llamaba a mi madre.
Si..., salía corriendo.
Si..., me reía a carcajadas.
Si..., no paraba de soplar.

Reflexiona y practica

interactúa

¿Y tú ▶

Cuenta al resto de la clase qué haces habitualmente cuando estás como estudiante si...

▶ No te has acordado de hacer la tarea.

▶ No te sabes nada de un examen.

▶ Tienes que hacer una presentación oral delante de la clase.

▶ Te toca sentarte con la persona que más / menos te gusta de la clase.

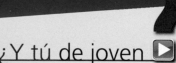

interactúa

¿Y tú de joven ▶

¿Podrías contar a tus compañeros qué hacías si...?

▶ no te gustaba alguna comida que tu madre había preparado.

▶ tus padres te castigaban.

▶ llegabas tarde de la hora permitida a casa.

▶ querías tener algo que tus padres no te permitían.

EL SISTEMA LABORAL ESPAÑOL

Crea con las palabras

¿Buscas trabajo? Entonces debes saber estas palabras

1 ¿Sabrías decir qué son?

contrato de jornada completa
contrato de media jornada
contrato por obra
contrato temporal / indefinido
estar a prueba
estar de prácticas
estar fijo
estar sin contrato
hacer horas extras
trabajar a jornada continua
trabajar a jornada partida
trabajar a turnos
dar el alta
estar de baja

las comisiones
estar en paro
el despido
las dietas
dominio de
estar en / de huelga
estar jubilado
estar prejubilado
el ascenso
la nómina
pagar en negro
las pagas extras
un plus de nocturnidad, peligrosidad, etc.
el sueldo bruto / neto

2 Completa las siguientes oraciones con la palabra correcta:

1. Si interrumpes el trabajo para ir a comer, y luego vuelves por la tardes, se dice que trabajas a jornada .... Lo contrario es trabajar a jornada ....

2. A veces, hay lugares de trabajo, como los hospitales o algunas fábricas, que necesitan estar funcionando las veinticuatro horas, y sus empleados tienen que trabajar a ....

3. Tener .... un idioma significa conocerlo en profundidad.

4. Nadie quiere tener un trabajo ...., porque a todos nos gusta la seguridad. Lo que la gente quiere es un contrato .... y una .... todos los meses.

5. Normalmente, todo el mundo que tiene jornada completa recibe dos .... extras: una en Navidad, y otra en verano.

6. Si una persona es muy buena (o muy *pelota*) en su trabajo, puede recibir un ....

7. La gente que trabaja viajando suele recibir ....: un dinero para cubrir los gastos de transporte, comida, alojamiento, etc.

8. En muchos trabajos, cuando empiezas, estás a ....

9. Los comerciales que van de puerta en puerta a menudo trabajan a ....

3 Ahora, en parejas, elige una de estas locas profesiones y escribe una oferta de trabajo, utilizando el vocabulario visto. No os olvidéis explicar en qué consiste el trabajo y sus características de contrato, pagas, etc. Más tarde le pasarás a la pareja de al lado el anuncio y ellos deberán responder como si se presentaran al puesto.

> Cazador de bichos y animales para ambientación de películas en la jungla.

> Profesor de extranjeros ligón y atractivo.

> Especialista en sombras chinescas para hotel de terror.

> Profesional de cirugía estética para organización criminal de falsificación de documentos.

> Chico con tipazo para limpiar casa de excéntrica viuda millonaria.

Los tres trabajos más necesarios

En grupos de tres personas, mira los siguientes trabajos, ¿cuáles crees que son los tres más necesarios y los tres menos necesarios en nuestra sociedad? Piensa en argumentos para justificar tu elección. Posteriormente debes justificarlo con el resto de grupos de la clase hasta llegar a escoger los tres más necesarios para todos.

Exprésate

Mecánico	Escritor	Carpintero
Dentista	Científico	Carnicero
Periodista	Informático	Hombre de negocios
Soldado	Psiquiatra	Albañil
Piloto de avión	Bombero	Abogado
Político	Humorista	Cocinero
Basurero	Esteticista	Ganadero
Deportista	Diseñador	Labrador

Debate · Atractivos del trabajo

1. Aquí tienes algunas cosas que son consideradas atractivas en un trabajo. En parejas, elige otras tres y justifica tu elección. Posteriormente, ponlo en común con el resto de la clase.

   ▶ Posibilidad de ascenso

   ▶ Flexibilidad de horario

   ▶ Buen ambiente de trabajo

   ▶ Coche a cargo de la compañía

2. Vamos a continuar hablando sobre lo que nos parece mejor en el trabajo o no. Dividimos la clase en grupos. Después cada uno tendrá cinco minutos para defender sus argumentos a favor de su opción. Ganará el grupo que logre convencer con sus argumentos al resto de la clase de que lo mejor es:

   ✔ Ser tu propio jefe
   ✔ Trabajar en casa
   ✔ Trabajar al aire libre
   ✔ Trabajar solo

   ✔ Trabajar para alguien
   ✔ Trabajar fuera de casa
   ✔ Trabajar en una oficina
   ✔ Trabajar en equipo

3. En enero de 2009, el estado de Queensland, en Australia, buscaba a una persona que quisiera vivir durante seis meses en la Isla Hamilton, ubicada en Gran Barrera de Coral, manteniendo un *blog* para contarle al mundo por qué debería visitar la zona. Entre otras cosas, el trabajo incluía visitar zonas exóticas, bucear, conocer un Spa de lujo, o caminar por bosques. El salario ofrecido era de 150.000 dólares australianos (100.000 dólares o 75.000 euros). Ellos titularon el anuncio como: **El mejor trabajo del mundo.**

   ▶ ¿Crees que es realmente el mejor trabajo del mundo? ¿Qué ventajas e inconvenientes ves en él?

   ▶ ¿Cuál sería para ti el mejor trabajo del mundo?

PREPÁRATE PARA ESTE TEMA

Para trabajar con este tema, revisa el léxico, comprueba las palabras que conoces, aprende las nuevas y realiza las actividades.

Empleos

abogado	deportista	jubilado
albañil	director de recursos humanos	labrador
ama de casa	diseñador	limpiador
basurero	electricista	mecánico
bombero	empleado de banca	médico
camarero	empresario	modelo
carnicero	escritor	periodista
carpintero	esteticista	piloto
cerrajero	fontanero	político
científico	funcionario	profesor
cocinero	ganadero	psiquiatra
comercial	hombre / mujer de negocios	responsable de ventas
constructor	humorista	sastre
decorador	informático	soldado
dentista	ingeniero	taxista
dependiente	jardinero	técnico

1 Indica a qué profesional llamarías si tuvieras cada una de estas necesidades.

a. Si se sale agua de las tuberías de la cocina: ....

b. Si tienes un fuerte dolor de muelas: ....

c. Si tienes que hacerte un traje o un vestido a medida: ....

d. Si la llave de la puerta no abre y no puedes entrar en casa: ....

e. Si te quedas sin luz: ....

f. Si quieres hacer una reforma en la casa: ....

g. Si tu coche se ha averiado: ....

h. Si ves fuego en la casa del vecino: ....

Tipos de contratos

basura	fijo	tener un empleo en
en prácticas	hacer horas extra	trabajar a jornada continua
estar sin contrato	indefinido	trabajar a jornada partida
estar a prueba	jornada completa / media jornada	trabajar a turnos
estar de prácticas	por obra	trabajar por cuenta ajena
estar fijo	temporal	trabajar por cuenta propia

2 Indica a qué tipo de contrato se refiere cada descripción.

a. Es un trabajo temporal y normalmente no se gana nada o el sueldo es muy bajo porque es parte de la formación como estudiante.

b. Es un trabajo fijo, ya que solo te pueden despedir con una indemnización importante y, normalmente, por una falta muy grave o por problemas serios de la empresa.

c. En realidad no hay contrato y eres tú tu propio jefe y dueño de la empresa.

d. Es un contrato temporal mientras dura un determinado proyecto. Una vez que has terminado el encargo, se termina automáticamente el contrato.

Expresión escrita

Escribe dos anuncios de trabajo:

▶ El que te gustaría leer en un periódico.

▶ El que nunca aceptarías.

Tema 12

DE CINE, EN ESPAÑOL ▶

El conjunto de obras de un país refleja cómo somos y quién queremos ser o a quién queremos parecernos, el retrato realista y la caricatura de nuestros miedos y aspiraciones. Pero detrás de las grandes obras están también los valores universales que permiten el reconocimiento y la identificación de todos los hombres.

▶ **Infórmate:** Grandes directores de cine español

▶ **Reflexiona y practica:** Estilo indirecto en presente

▶ **Crea con las palabras:** Una profesión de cine

▶ **Exprésate:** Comparaciones entre el cine y otras artes escénicas o espectáculos

Observa los carteles e imagina cómo continúa el argumento. Luego, el profesor os contará el real. ¿Hay alguna película en tu país parecida? ¿Cuál te gustaría ver y por qué?

México. Un anticuario descubre un antiguo objeto que da vida eterna a su poseedor…

Un hombre afila su navaja de afeitar junto a un balcón y, tras observar como una nube cruza delante de la luna, él decide cortar…

Buenos Aires. Dos estafadores se conocen casualmente y uno de ellos le propone al otro…

Un terráqueo llega a un planeta habitado por unos pequeños seres de color verde para los que él es …

La Habana. Años 70. David, estudiante de Ciencias Sociales en la Universidad de La Habana y Diego, un artista homosexual obsesionado por la cultura. El encuentro entre ambos...

DE CINE, EN ESPAÑOL

A EL CINE ESPAÑOL ESTÁ DE MODA

 Escucha la siguiente audición y di a qué género pertenecen estas películas.

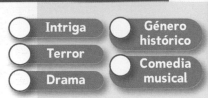

Infórmate

- ○ Intriga
- ○ Terror
- ○ Drama
- ○ Género histórico
- ○ Comedia musical

 Vuélvela a escuchar y contesta a las preguntas:

- ▶ ¿Sobre qué está preparando su tesis la protagonista de *Tesis*?
- ▶ ¿Cómo son los chicos a los que conoce?
- ▶ ¿En qué ciudad y época está ambientada *Ágora*?
- ▶ ¿Qué tienen en común las películas de *Ágora* y *Tesis*?
- ▶ ¿Cuál es la particularidad de los personajes de *Los lunes al sol*?
- ▶ ¿En dónde tiene lugar la película de *El orfanato*?
- ▶ ¿Qué ocurre con el niño?
- ▶ ¿Dónde se esconde el protagonista de *El otro lado de la cama* para escapar de una chica que está obsesionada con él?

B DIRECTORES DE CINE UNIVERSALES

Aquí tienes a varios directores españoles conocidos internacionalmente. Escucha la audición y di a quién corresponden las siguientes afirmaciones.

- ○ Compone las bandas sonoras de sus películas.
- ○ Es un auténtico fan de *El señor de los anillos*.
- ○ Fue cantante en los años 80.
- ○ Fue crítico de cine.
- ○ Ha rodado muchos anuncios de publicidad e, incluso, videoclips para cantantes.
- ○ Ha sido guionista en programas de televisión y ahora hace documentales.
- ○ Nació en Chile.
- ○ También es director de programas de televisión, además de director de cine.
- ○ Trabajó como administrativo antes de ser director.
- ○ Considera que es mejor ver las películas en versión original y subtituladas, nunca dobladas.

Alejandro Amenábar — Pedro Almodóvar

Álex de la Iglesia — Fernando León de Aranoa

Fernando Trueba — Isabel Coixet — José Luis Garci

Da tu opinión

 ¿Qué tipo de películas te gusta? ¿Cuál es la última película que viste y cuál recomendarías? ¿Cómo es? ¿De qué trata?

C EL CINE MEXICANO Y ARGENTINO

Dentro del cine americano en lengua española, cabe destacar las trayectorias cinematográficas de Argentina y México. Lee el siguiente texto e infórmate del panorama actual.

Infórmate

Argentina y México empezaron su andadura ya en la época del cine mudo; en México, con un cortometraje de 1896 y en Argentina, con un documental en 1897;[1].

Estas trayectorias cuentan con momentos inolvidables como *Tangos, El exilio de Gardel,* de Fernando Solanas; las míticas películas de Mario Moreno, *Cantinflas,* a quien Charles Chaplin llamó en una ocasión «el mejor comediante del mundo», o las de Luis Buñuel, director español que, [2], tuvieron que exiliarse a causa de la dictadura franquista y fueron recibidos en América con los brazos abiertos.

Lo cierto es que, trasladándonos a la actualidad, podemos destacar en estos países películas de calidad mundialmente reconocida, galardonadas con los premios de más prestigio internacional.

Por citar algunas películas, del cine argentino recomendamos *La historia oficial,* de Luis Puenzo, en la que una profesora se plantea preguntas acerca de lo que realmente ocurrió en el pasado reciente de su país; *Un lugar en el mundo,* hermoso drama dirigido por Adolfo Aristarain; y *Gatica, el mono* (1993), de Leonardo Flavio, basada en la vida de un famoso boxeador argentino. Con *El hijo de la novia* (2001), drama [3] y con el *thriller El secreto de sus ojos* (2009), se reconoce en su director una de las revelaciones del cine actual: Juan José Campanella.

Del cine mexicano de los últimos años, cabe destacar *El callejón de los milagros* (1995), de Jorge Fons del Toro, basada en una novela del egipcio Naguib Mahfuz; *Amores perros* (2000), con tres subhistorias en donde se mezclan amor y violencia; o *Como agua para chocolate,* de Alejandro Fernández Iñárritu, [4], basada en una novela de Laura Esquivel.

Pon estas frases sacadas del texto en su párrafo correspondiente.

1. como tantos otros intelectuales españoles de esa época
2. es decir, tan solo uno y dos años después respectivamente de la primera exhibición de los hermanos Lumière, en París
3. película que se adscribe dentro del «realismo mágico»
4. sobre las relaciones de una familia que toca el tema del Alzheimer

interactúa

El cine de tu país ▶

Habla sobre las películas y los directores más famosos de la actualidad en tu país, recomendándoles a tus compañeros tus favoritos.

DE CINE, EN ESPAÑOL

1 El estilo indirecto

Se utiliza cuando queremos repetir lo que hemos dicho o ha dicho otra persona. Para ello, usamos verbos de lengua o entendimiento: *decir, contar, comunicar, informar, preguntar*... Hay varias cosas que tenemos que tener en cuenta al hacerlo. Obsérvalas.

▶ Si la información que repetimos ha sido dada hace un momento o si ha sido dada hace un tiempo.

→ *Me voy a ver la última de Almodóvar.*

→ *Laura me ha dicho que se va a ver la última de Almodóvar* (hace un momento). / *Laura me dijo que se iba a ver la última de Almodóvar.*

▶ El punto de vista desde el que presentamos la información: si la presentamos poniéndonos como parte de la interacción o si la presentamos desde fuera.

→ *Te iré a buscar a las cuatro.*

→ *María me dijo que me vendría a buscar a las cuatro* (forma parte de la interacción). / *María le dijo a Laura que la iría a buscar a las cuatro* (no forma parte de la interacción).

2 Cambios entre el estilo directo y el estilo indirecto

Obsérvalos y completa el último ejemplo de cada cuadro deduciendo el cambio.

Cambios en pronombres

Si se repiten las palabras que uno mismo ha dicho o las de otra persona.

Estilo directo	Estilo indirecto
→ *Voy a comprar**te** el DVD de la peli que tanto te gusta.*	→ *¿Qué dices?* → *He dicho que voy a comprar**te** el DVD de la peli que te gusta.*
→ *No **te** metas con mis gustos cinéfilos.* → *No pienso decir ni una palabra más.*	→ *¿Por qué no comentamos la película?* → *Me has dicho que no **me** meta con tus gustos y, si hablamos, voy a tener que hacerlo.*
→ *No **me** gustan las películas de vaqueros.* → *Pues vaya.*	→ *Miguel me ha dicho que no .... gustan las películas de vaqueros.* → *Pues son mis preferidas. ¡Qué lástima!*

Cambios en demostrativos

Solo cambian si varía la perspectiva espacial (*este vaso*) o temporal (*este año*).

Estilo directo	Estilo indirecto en presente	Estilo indirecto en pasado
▶ *Este, esta, estos, estas* *Ese, esa, esos, esas* → ***Este** actor es maravilloso.*	▶ *Este, esta, estos, estas* *Ese, esa, esos, esas* → *¿Qué has dicho?* → *He dicho que **este** actor es maravilloso.*	▶ *Ese, esa, esos, esas* *Aquel, aquella, aquellos, aquellas* → *¿Qué dijiste de **ese** actor?* → *Te dije que .... actor era maravilloso.*

Cambios espaciales

Cambia si varía la perspectiva espacial.

Estilo directo	Estilo indirecto en presente	Estilo indirecto en pasado
▶ *Aquí, ahí* Verbos *venir, traer* → *Oye, **ven** a casa y **tráete** el DVD de Volver. Voy a estar **aquí** toda la tarde.*	▶ *Allí, ahí* Verbos *ir, llevar* → *Me ha llamado Carmelo y me ha dicho que **vayamos** a su casa, que va a estar **allí** y que le **llevemos** el DVD de Volver.*	▶ *Allí, ahí* Verbos *ir, llevar* → *¿Te acuerdas que ayer me llamó Carmelo y me dijo que **fuéramos** a su casa, que iba a estar .... y que le **lleváramos** el DVD...?*

DE CINE, EN ESPAÑOL

DE CINE, EN ESPAÑOL

Preguntas

En las preguntas es necesario tener en cuenta si en el estilo directo han sido hechas con un pronombre interrogativo o sin él. Si es con interrogativo, se repite; pero si es sin él, añadimos *si*.

Estilo directo	Estilo indirecto
PREGUNTAS CON INTERROGATIVO → ¿Qué?, ¿Quién?, ¿Dónde?, ¿Cuánto?, ¿Cómo?...	→ Me preguntó que quién...

Cambios temporales

Cuando cambia la perspectiva temporal, cambian los adverbios de tiempo.

Estilo directo	Al día siguiente	Al año siguiente
► Ayer	► Anteayer / Hace.... días	► El día anterior
► Recientemente	► Hace / Hacía poco	► Hacía poco
► Hoy	► Ayer	► Aquel día
► Ahora	► Entonces	► En aquel momento
► Actualmente	► Actualmente	► De aquella / En aquella época
► Mañana	► Hoy	► Al día siguiente
► Pasado mañana	► Mañana	► A los dos días / Dos días después
► Dentro de...	► Al cabo de / Después de	► Al cabo de / Después de

> **RECUERDA**
>
> Cuando decimos muchas cosas en estilo indirecto no solemos repetir el verbo, pero sí *que*.
>
> → *Me dijo que era una impresentable, que no pensaba confiar más en mí y que me fuera despidiendo de ese fin de semana maravilloso que habíamos planeado. ¡Qué carácter, hija! Solo porque llegué media hora tarde...*

3 Hablando de pelis

Sandra e Ignacio te recomiendan dos películas: *El método Gronhölm*, de Marcelo Piñeyro, y *Celda 211*, de Daniel Monzón. En parejas, lee una de las recomendaciones y cuéntasela a tu compañero usando el estilo indirecto.

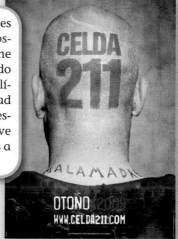

Ignacio: «¿Has visto la película *Celda 211*? No debes perdértela, porque tiene ocho Premios Goya. A nosotros nos ha encantado. ¿Quieres venir a verla al cine este fin de semana conmigo? Me encanta y, cuando una peli me gusta, la veo más de una vez... Esta película es un poco dura, pero intenta retratar la realidad de las cárceles y mira de una manera crítica a los responsables del orden y toda la política que se mueve alrededor del sistema penitenciario... ¿No te animas a venir a verla?».

Sandra: «¿Qué tipo de películas te gustan a ti? A mí me encantan las películas críticas, que te hacen pensar. La película *El método Gronhölm* es genial. La acabo de ver aquí mismo, en mi casa. Me trajo un amigo el DVD. Trata de un grupo de aspirantes a un puesto de trabajo importante que se presentan a una entrevista. Lo peculiar es que se enteran allí mismo de que no es una entrevista convencional, sino un encuentro en el que deben pasar por unas pruebas eliminatorias que deciden quién se queda con el puesto. He estado pensando cómo reaccionaría yo en su lugar... Buff, y además, mantiene la intriga hasta el final, ¿eh? ¡Vaya crítica a lo que está pasando en el mundo laboral!».

Reflexiona y practica

DE CINE, EN ESPAÑOL

► **Crea con las palabras**

Una profesión de cine

Aquí tienes algunas palabras relacionadas con el mundo del cine. ¿Puedes clasificarlas?

 **1** Personas que trabajan en una película

 **2** Palabras relacionadas con los cines

 **3** Elementos usados en la creación de películas

 **4** Elementos de las películas

- ○ acomodador
- ○ el cámara
- ○ actores secundarios (o de reparto)
- ○ ambientación
- ○ argumento
- ○ banda sonora
- ○ butaca
- ○ la cámara
- ○ cartelera
- ○ pantalla
- ○ compositor
- ○ productor
- ○ director
- ○ vestuario
- ○ extras
- ○ entrada
- ○ especialista
- ○ guión
- ○ focos
- ○ fotografía
- ○ taquilla
- ○ guionista
- ○ iluminación
- ○ protagonista
- ○ maquillaje / peluquería
- ○ palomitas
- ○ técnico de sonido

Cine, cine, cine

¿Cuáles son tus gustos cinematográficos? Aquí tienes una pequeña encuesta. Contéstala y coméntala con tus compañeros, poniendo ejemplos.

Prefieres las películas...
a. En versión original
b. Subtituladas
c. Dobladas

Crees que son mejores...
a. Las películas mudas
b. Las sonoras
c. Las que son en blanco y negro
d. Las que son en color

Prefieres ver una película...
a. El día del estreno
b. Cuando ya has leído algunas críticas
c. Si ha sido un éxito de taquilla
d. Si es una película de culto
e. Si está basada en hechos reales

De las películas, valoras...
a. Su fotografía
b. Su banda sonora
c. Sus efectos especiales
d. Su vestuario y maquillaje

Detestas que...
a. Haya muchas escenas violentas
b. Que sea lenta
c. Que haya muchos saltos cronológicos

Tus películas favoritas son:
a. Las policiacas
b. Las de terror
c. Las de suspense
d. Las de acción
e. Las comedias
f. Los dramas
g. Las bélicas
h. Las románticas
i. Los musicales
j. Las históricas
k. Las de ciencia-ficción
l. Las fantásticas
m. Las del oeste
n. Las de animación
ñ. Otras: ....

interactúa

Ponte de acuerdo...

Con tu compañero, decide cuál es la mejor película muda, en blanco y negro, de acción, de terror, de animación, musical... Después, cuéntalo al resto de la clase.

Debate

1. ¿En qué se diferencian el cine y el teatro? ¿Cuál te gusta más? Piensa en los siguientes aspectos y discute con tus compañeros.

Exprésate

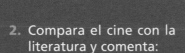
▸ ¿El teatro es más simbólico que el cine?

▸ ¿En el cine las cosas tienen mayor parecido con la realidad?

▸ La presencia del actor en el escenario.
▸ El tratamiento del espacio y el tiempo.
▸ Los medios utilizados.
▸ El acceso a un mayor o menor número. de público: la comercialización de la obra o la película.

2. Compara el cine con la literatura y comenta:

▸ ¿Qué te gusta más y por qué?
▸ ¿Se transmiten las mismas sensaciones en la literatura y en el cine?
▸ ¿Qué diferencias ves en el tratamiento del tiempo y lugar?

▸ ¿Has leído algún libro que haya tenido una adaptación en el cine?

▸ ¿Crees que la imaginación que despierta una obra literaria desaparece en el cine?

▸ ¿Ocurre lo mismo cuando el orden es el inverso, es decir, cuando se hace una película primero y luego se escribe una novela basada en la misma? ¿Conoces alguna obra posterior al filme?

Proyecto

¿Y tú qué prefieres?

¿El cine, el teatro, leer libros? Elige una de estas opciones y trata de convencer a los demás con tus argumentos. Para ello:

▸ Redacta un anuncio animando a la gente a acudir con más frecuencia al cine en lugar de ver la televisión o ver películas en DVD o en el ordenador.

▸ Redacta un anuncio animando a la gente a acudir con más frecuencia al teatro y a otros espectáculos.

▸ Redacta un anuncio animando a la gente a leer más.

VOCABULARIO

Para trabajar con este tema, revisa el léxico, comprueba las palabras que conoces, aprende las nuevas y realiza las actividades.

Tipos de películas

bélica	de ciencia-ficción	de terror	el largometraje
la comedia	de culto	del oeste	muda
con un final feliz / triste	de dibujos animados	doblada	musical
el corto(metraje)	de guerra	drama	policiaca
de acción	de intriga	en blanco y negro	romántica
de amor	de miedo	en color	sonora
de animación	de risa	fantástica	subtitulada
de aventuras	de suspense	histórica	versión original

1 Relaciona los contrarios.

a. comedia
b. corto
c. doblada
d. en blanco y negro
e. muda

1. drama
2. largometraje
3. versión original
4. en color
5. sonora

2 Localiza los sinónimos.

1. película bélica: ....
2. película de intriga: ....
3. película de animación: ....
4. película de terror: ....

Componentes de una película

la actuación	los efectos especiales	el personaje
la ambientación	la escena	el plano de fondo
el argumento	la fotografía	el plano general
la banda sonora	el guión	la producción
la cámara lenta	la iluminación	la secuencia
el decorado	el maquillaje y la peluquería	el vestuario y el maquillaje

Salas de cine

el acomodador	la distribución	la pantalla
el asiento	la entrada	poner una película
la butaca	el estreno	la sesión
la cartelera	el fan	la taquilla
el día del espectador	las palomitas	

Expresión escrita

Escribe una crítica a una película que hayas visto y que te guste.

Intenta convencer a tus lectores de que vayan a verla.

EL JUEGO FINAL

Ya hemos llegado al final del libro, así que te proponemos un juego para repasar todos los contenidos que has estado trabajando. Sigue las instrucciones que te da tu profesor y… ¡a ganar!

SALIDA ▶

META

¿Qué diferencia hay?

¿estás orgulloso? / ¿eres orgulloso?

Corrige los errores de la frase: *El actor quien hizo esta película estuvo en lo que el premio es una estatuilla de Goya.*

¿Con qué medio de transporte relacionas estas palabras?

peaje, vagón, aterrizar, adelantar

Explica qué son:
- ▶ llave inglesa
- ▶ ensaladilla rusa
- ▶ tortilla francesa
- ▶ café americano

Explica alguna costumbre española que hayas aprendido durante el curso y compárala con lo que se hace en tu país.

Piensa en cinco partes relacionadas con las elecciones.

Habla durante tres minutos de tres personajes famosos españoles.

Cuenta qué hacen y por qué los conoces.

Piensa en el título de cinco películas y represéntalas solo con mímica. Tus compañeros deben adivinar cuáles son y decir el título en español.

Continúa la frase:

- *Siempre he querido que…*

Pasa al estilo indirecto pasado:

Me gusta que hayas podido venir hoy a mi fiesta de disfraces.

¿Qué diferencia hay entre *ir* o *irse*?

Habla durante tres minutos de algún lugar que te gusta de una manera especial y que recomiendas visitar.

No olvides decir qué cosas puedes ver o hacer allí.

Piensa en cinco palabras relacionadas con el mundo de los periódicos.

Explica en tres minutos el argumento de una película que te haya encantado.

¿Con qué se relacionan estas palabras?

valle / cauce / orilla / marea / sierra

Piensa en cinco instrumentos musicales que contengan una R.

Piensa en cinco expresiones que has aprendido en este curso.

Represéntalas, tus compañeros deben adivinar cuáles son.

Completa las frases:

Normalmente, antes de que .... (ver), Ana me ha contado ya el final. Apenas .... (ver, yo) otra peli, le haré lo mismo.

Canta la estrofa de una canción española que consideres emblemática.

Explica por qué es así para ti.

¿Qué es:
- ▶ *catear un examen?*
- ▶ *ser un chivato?*
- ▶ *ser un empollón?*
- ▶ *ser un enchufado?*

Continúa la frase:

- *Yo creo que la mayoría de los actores…*

Pista 1

Entrevistador: ¿Tienen un minuto para una entrevista?

Hombre: ¡Claro!

Entrevistador: ¿Cómo definirían a los españoles?

Hombre: Pues, mire, somos individualistas. Muestras de ello es nuestra impuntualidad (no importa que espere el otro), nuestra indisciplina (qué importa si fumo, aquí no molesto a nadie), el querer tener siempre razón… porque somos tercos, ¿eh? También indisciplinados; nos cuesta mucho seguir reglas…¡ah!, y supersociables: en cuanto conocemos a alguien, ya es un amigo. Además, somos irreflexivos y muy vitales: para nosotros todo es espontáneo, no pensamos en el futuro.

Mujer: ¡Qué va! No se comporta igual un andaluz que un catalán, o un castellano que un asturiano.

Hombre: ¿Cómo que no? Pregúntale a un sueco, ya verás cómo te dice que somos todos iguales.

Mujer: Yo no lo veo así; no estoy de acuerdo. Si pienso en una comunidad autónoma, me vienen adjetivos… Un catalán, lo asocio con tacaño, y si pienso en un andaluz, que es muy gracioso… un gallego es enigmático, nunca responde a lo que le preguntas, y un madrileño…, chulo.

Hombre: O sea que todos los catalanes son tacaños y todos los madrileños chulos, ¿no? ¡Pues anda que no he conocido yo chulos o tacaños en otras partes! ¡Y catalanes generosos, y madrileños humildes! Eso son solo estereotipos.

Mujer: Ya, pero es que, aunque no queramos, es la única manera de describir a un grupo de una comunidad, porque todos somos diferentes…, y así con una idea general… pues medio aciertas. A nadie le gusta que lo cataloguen. A mí no me gusta que digan que los españoles son impuntuales, porque yo nunca llego tarde… o apasionada, porque yo pienso mucho las cosas antes de hacerlas. Pero quizás es una manera de simplificar.

Hombre: Bueno, bueno, sigo pensando que hay unos rasgos españoles que nos diferencian de un sueco o un inglés.

Pista 2

Y una buena noticia de última hora… La UNESCO ha aprobado que la Reserva de la Biosfera Intercontinental del Mediterráneo Andalucía-Marruecos forme parte de la Lista Mundial de Reservas de la Biosfera.

Las reservas de la biosfera son una iniciativa de las Naciones Unidas para la preservación de aquellos sistemas naturales terrestres y marítimos considerados de importancia mundial, y protegerlos de la explotación del hombre. En total hay ya 507 reservas de la biosfera reconocidas, y España, con 38 de ellas, se sitúa en el tercer país con mayor número de áreas adscritas, después de EE. UU. y de la Federación Rusa.

Lo interesante de la reserva del Mediterráneo es que es la primera reserva intercontinental, es decir, la primera que se encuentra ubicada entre dos continentes, y es también la primera en contar con el mar en medio de sus límites. La propuesta, además, partió conjuntamente de la Junta de Andalucía y del Gobierno marroquí, con lo que se espera estrechar más los lazos entre los dos países –España y Marruecos– que comparten muchos aspectos culturales e históricos, así como intereses económicos y turísticos.

Esta reserva incluye el cabo de Gibraltar y cabo Negro, en donde está situada Ceuta, ciudad española del norte de África. En ella se encuentran varios parques y monumentos naturales, así como enclaves arqueológicos importantes. El espacio natural tiene un millón de hectáreas entre ambas orillas. Sus características naturales se fueron conformando conjuntamente, de modo que, tras la fractura que dio lugar al estrecho de Gibraltar, se quedó dividida en dos partes casi simétricas y que se podrían considerar complementarias. El Estrecho constituye a su vez frontera zoológica y ruta migratoria entre África y Europa, y la fauna, la vegetación, el tipo de suelos y el clima son comunes a ambos lados.

Pista 3

Alumna: ¡Los recién nacidos van a la escuela!

Profesor: Bueno, no. Hay una baja laboral de 16 semanas por paternidad o maternidad. Además, cuando trabajan los dos, a menudo, contratan a canguros o los dejan con los abuelos hasta que los llevan a la escuela infantil cuando ya tienen un año o más. A los tres años, entonces sí que empiezan el cole la mayoría de los niños. Es la educación infantil, pero no es obligatoria.

Alumna: Pero es muy pronto. A mí me parece que los niños de esa edad tienen que estar con sus padres.

Alumno: Sí, pero a los niños les encanta estar con niños, y si eres hijo único, como yo, imagínate… A mí me encantaba ir a la guardería.

Alumna: Ya, pero no sé… Y luego está lo de los colegios privados. No me parece bien. Los niños tienen que acostumbrarse a todo tipo de personas, de todos los niveles económicos.

Profesor: Bueno, pero espera, en España la mayoría de los colegios privados son concertados, lo que significa que el Estado paga la educación.

Alumna: Pero, entonces, ¿por qué hay gente que los prefiere? ¿Son mejores?

Profesor: Pues, hombre, hay opiniones a favor y en contra. En algunos casos, el motivo principal es que muchos colegios privados son religiosos, concretamente católicos, y la enseñanza católica está muy presente en el proyecto educativo del centro. Pero también hay colegios privados laicos.

Alumno: Pues yo no estoy de acuerdo con que la educación sea gratuita. Creo que lo justo es que los estudiantes buenos estudien gratis, y los otros, no.

Alumna: Yo creo que eso es muy relativo. En la universidad vale, pero la educación básica es un derecho universal, ¿no?

Profesor: En España la educación es obligatoria y gratuita hasta los 16 años, la edad mínima para trabajar. Después del colegio, a los 12 años, van al instituto a hacer la Educación Secundaria Obligatoria, la ESO, hasta los 16, y luego, si quieren seguir estudiando, pueden hacer el Bachillerato, hasta los 18.

Alumno: ¿Y qué es esto de «Formación Profesional»?

Profesor: ¿FP? Es otra opción al Bachillerato. Aprendes oficios como fontanero, mecánico, electricista… hay muchas posibilidades.

Alumna: Seguro que es más práctico, ¿no?

Alumno: Y esto de la PAU, ¿es el examen para entrar en la universidad? Pues en muchos países, el examen no es común para todos, como ocurre en España, sino que es la universidad a la que quieres acceder la que selecciona a sus estudiantes y me parece mejor.

Pista 4

Mariano: Hola, Natalia, ¿qué tal?

Natalia: ¡Genial, chico…! Acabo de volver del Festival de Ortigueira, y lo pasé genial… No paramos… ¡Tres días bailando y cantando sin parar!

Diego: ¡Fenomenal! ¿Y bailasteis también, dices?

Natalia: Sí, después de los conciertos los grupos siguen tocando y algunos bailarines te enseñan algunos pasos sencillos de jotas y danzas tradicionales… La gente se anima…

Diego: ¡Qué guay! ¿Y llevasteis tiendas de campaña, para dormir?

Natalia: Sí, y luego hay un mercadillo de artesanía y hay cosas preciosas… Te apetece comprarlo todo…

Diego: Y los grupos, ¿de dónde son? Vienen bandas de fuera, también, ¿no?

Natalia: Sí, de todas las regiones celtas: Galicia, Asturias, Irlanda, Escocia, Gales, la Bretaña francesa… Cada uno con sus trajes típicos, sus instrumentos y su manera de bailar y tocar propias. Hay muchas diferencias, no te creas, ¿eh?

Mariano: ¿Qué instrumentos, además de la gaita?

Natalia: Muchos, el tambor, el acordeón, la flauta, y otros antiguos que se han perdido o incluso otros que se inventan…

Diego: A mí lo que me gusta son las sevillanas, ya sabes, con los vestidos de faralaes y ese juego de piernas y brazos con tu pareja…

Natalia: Pues es complicadísimo, yo intenté aprender una vez y me hice un lío contando los pasos: un, dos, tres y vuelta…

Diego: Pues nada, la próxima vez me avisas y te enseñamos, ¿eh, Mariano?

Mariano: No, no, a mí dejadme de bailes tradicionales… Prefiero los bailes latinos: la salsa, el merengue y todo eso. Bailar agarradito, ya sabes.

Natalia: ¡Ay, a mí me encanta la bachata!

Diego: Pues yo no tengo ni idea, y para esas cosas soy muy torpe.

Natalia: ¿Pero no eras tú el que me iba a enseñar a bailar? (risas)

Pista 5

– Sí, el PSOE ha hecho muchas cosas, algunas de ellas muy polémicas… Por ejemplo, la permanencia de España en la OTAN, ¿no? ¿Fue en 1986, no? Fue muy polémico porque el PSOE había hecho campaña electoral en contra de esto, y luego hicieron campaña para que la gente votara que sí. El resultado estuvo muy reñido…

– Y varios escándalos de corrupción, en parte Felipe González perdió las elecciones del 96 por eso…

– Sí, pero estaba pensando más en medidas más recientes, como fue la legalización del matrimonio entre homosexuales, la retirada de las tropas de Irak.

– Bueno, ¿y el Partido Popular? A ver… Con él se acabó el servicio militar obligatorio…

– Y enviaron las tropas a Irak, en contra de gran parte de la gente… Eso fue de lo más polémico, ¿no?

– Sí, sobre todo con los atentados terroristas en Madrid del 11 de marzo del 2004, justo antes de las elecciones… Fue un golpe muy duro y la mayoría de la gente lo relacionó con nuestra participación en Irak… esta fue una de las causas para que no ganara las elecciones, que fueron justo tres días después…

– Sí. Y también las declaraciones hechas por el Gobierno sobre la catástrofe del Prestige, que no convencieron a nadie, ¿no? Lo de aquel barco que transportaba petróleo y contaminó las costas cantábricas…

Pista 6

Conversación A

– ¿Sí?

– Sí, Carlos, soy Ricardo, ¿qué tal?

– Bien, dime, dime…

– Pues nada, bueno, que oye, que nos hace falta gente para las candidaturas a concejales para el partido, para suplentes, ya sabes…

– ¡Ya! ¡Y quieres que me presente!

– Hombre… pues nos vendría genial, la verdad…

Conversación B

– Oye, cariño, mira, que hay un puesto vacante en el ayuntamiento de promoción interna, para ser encargada del personal administrativo… bueno, para ser la jefa de la sección… y… bueno… pues que me quería presentar, para ascender…

– ¡Ya! ¡Bueno…! ¡Haz lo que tú veas!

– ¡Ya! ¡Osea, que no quieres que me presente!

Conversación C

– ¿Qué? ¿Qué tal se ha portado el peque?

– Bueeeno… Bueeeno… ¡En fin!

– ¡Osea, que te has portado mal!

– Oye, mami, que mira, que ha dicho Carla que pinto ya como los pintores famosos, de bien que lo hago…

– ¡Buenoooo! ¡Sí! ¡Un Picasso, tenemos aquí…!

– Bueno, ¿y qué tal si nos vamos yendo, que se hace tarde…!

Pista 7

Manuel: ¿Pero a qué hora es el mitin?

Marta: A las 5, en el pabellón del polideportivo…

Manuel: Pues… No sé si voy a poder, la verdad…

Marta: ¡Vete, hazme caso…! ¡Que además va a hablar el nuevo candidato a la alcaldía, ya verás como te gusta más de lo que dices…! Además, luego nos vamos todos de picoteo…

Manuel: ¡Hombre, eso podías haberlo dicho antes…!

Marta: ¡Anda, anda…! ¡Pero mira que eres LIS –TO!

Luisa: Pues yo sí que voy…

Marta: ¿Pero tú no tenías que llevar a tu hijo a un partido de fútbol, o algo así…?

Luisa: ¡Anda, es verdad! Bueno, no pasa nada… Que vaya Pedro en mi lugar, ¿no, cariño?

Pedro: ¿Pero qué pasa? ¿Que todo me toca a mí, ahora? Yo que ni siquiera estoy «afiliao» al partido… ¡Pero qué te crees!, ¿oye? ¡Encima eso!

Luisa: Peroooo…

Pedro: No, ni peros ni nada, que yo no voy, y punto final.

Manuel: No os pongáis así, hombre… ¡Que no es para tanto…! ¡Venga!

Pedro: ¡Pero si es que además es un rollo! ¡Y es que me sienta muy mal que ella planee las cosas siempre sin contar conmigo…!

Luisa: Bueno, bueno… me quedo yo con los niños… ¡Pero una cosa! ¡La próxima vez te toca a ti!

Pista 8

Los trenes han sido uno de los medios de transporte preferidos por los grandes viajeros del pasado y hoy en día, aunque se han visto relegados a un segundo plano por otros transportes más rápidos, todavía existen muchos trenes que nos prometen viajes inolvidables.

Durante los fines de semana, el Tren de la Fresa espera en la estación de Atocha para recrear los viajes de uno de los ferrocarriles más antiguos de España. Este tren de madera, conducido por una máquina de vapor, data de 1851.

Con él y tras una hora de recorrido nos vamos hasta la ciudad de Aranjuez, donde está situado el maravilloso Palacio Real, residencia real veraniega en el pasado. En el trayecto, las azafatas, vestidas de época, nos obsequian con algunas de las más sabrosas frutas de la zona, las fresas.

El Transcantábrico lleva 25 años ofreciendo un recorrido de lujo, desde León a Santiago de Compostela, o viceversa. Durante 8 días, los pasajeros disfrutan de la cultura, el paisaje y la gastronomía. Todos los viajeros destacan su comodidad; no hay que olvidar que se trata de uno de los trenes de lujo europeos.

Los viajeros duermen en pequeños camarotes, en los que el espacio está milimetrado, pero aun así podemos encontrar cosas para hacernos la travesía más cómoda, como: una pequeña nevera-bar, o un baño, con ducha de hidromasaje incluida. El tren cuenta con un vagón restaurante y un vagón para fiestas o lectura, en el que los pasajeros pueden relajarse mientras viajan.

En la estación de Atocha, unos actores esperan a los viajeros que van a subir al tren de Cervantes. Lo que a primera vista puede parecer un viaje en tren de Cercanías normal, se convierte en un itinerario con sorpresas, en el que Cervantes y sus personajes son los protagonistas.

Don Quijote de la Mancha y su inseparable Sancho Panza, recorren el tren de un lado a otro buscando a una Dulcinea entre los viajeros, que se ven involucrados en la historia y participan en el espectáculo. Durante el recorrido, unas azafatas, vestidas como aldeanas, entregarán a los pasajeros rosquillas de Alcalá, un delicioso dulce típico de la tierra.

Pista 9

– Pues **recuerdo haberme levantado** temprano **después de haber pasado** una noche terrible soñando que perdía el tren. ¡Y de hecho no lo perdí por los pelos!

– ¿Y entonces?

– Pues llegué al cabo de 20 minutos y vi que mi vagón no existía…

– ¡Huy! ¡Qué raro!, ¿no?

– ¡Ya te digo! Así que me fui al revisor, y cuando se lo expliqué, miró el billete extrañado… ¡Y resultó que me habían dado un billete para la siguiente semana!

– ¡Jope! ¡Pues vaya gracia!, ¿no? ¿Y entonces?

– ¡Pues fíjate! ¡Y eso que había comprado el billete solo dos días antes y **me acordaba perfectamente de haberles dado** la fecha por escrito…

– ¡Y tuviste que volver a casa!

– ¡Qué va, si no podía! **No recuerdo muy bien cómo había sido**, pero **me suena algo como que** ya tenía el hotel reservado desde hacía un montón de tiempo, o algo así…

– ¡Menuda broma! Te cambiarían el billete, ¿no?

– ¡Me quedé de piedra! El revisor me dijo que intentara cambiar el billete, que el tren salía en 10 minutos… Pero en las taquillas había una cola impresionante…

– ¿Y…?

– Pues **como iba diciendo**, cuando llegó mi turno, empecé a explicar lo que me había pasado, y no veas lo que me costó convencerle… No hacía más que decirme que era imposible, que **no podían haberse equivocado**…

– Bueno, ¿y al final, qué?

– Pues nada, conseguí que me cambiara el billete. Eso sí, con un incremento del 10%.

– ¿Y llegaste a tiempo?

– Pues sí, a las carreras cargando con la maleta y por los pelos, justo cuando ya el jefe de estación estaba a punto de dar la salida. ¡Menudo apuro!

Pista 10

Estimado público, si me lo permiten, me gustaría empezar con una cita de un periodista que, dirigiéndose -como yo- a un grupo de profesionales, dijo así: «De sus juicios penden reputaciones y carreras, sentencias de cárcel y precios de mercaderías. Ustedes son los árbitros de lo justo y de lo injusto. Ya no moldean la opinión pública, sino que la han suplantado».

Creo que en esta cita se recoge el poder que los periodistas tenemos en nuestras manos, nuestra labor es una labor de gran responsabilidad, que requiere sensatez y madurez, conocimientos y, en definitiva, consciencia.

Dicho esto, con su permiso, me propongo ahora analizar el periodismo que abunda en la actualidad, o bueno, mejor dicho, la situación actual. Como todos sabemos, los medios han adquirido la desleal costumbre de colocar los intereses económicos por encima de todo. Dicho de otra manera, lo que importa es lo que vende, y lo que se vende hoy en día no es la información, sino el espectáculo. Esta búsqueda del espectáculo está llegando a un límite en que es difícil discernir lo verdadero de lo falso. Se seleccionan noticias no por su importancia real sino por el impacto emocional: aquellas que suponen una amenaza para el individuo, las que causan miedo, las que generan morbo o escándalo e incluso aquellas anecdóticas que generan sorpresa o llaman la atención.

En resumidas cuentas, igual da una noticia local de un grupo de modelos posando semidesnudas como animadoras de un equipo de fútbol que la muerte de cientos de personas en un atentado terrorista en el extranjero. Al fin y al cabo, todo tiene cabida si la gente habla del tema.

En cualquier caso, informar no es otra cosa que decir la verdad, y decir la verdad requiere asomarse lo más posible a la ventana de la objetividad. Aquí reside la ética del periodismo.

Pista 11

– ¿Quiere una revista, doña Engracia?

– Ay, sí, guapa, dame el *Hola*, a ver qué cotilleos hay esta semana.

– Traerá algo del hijo del torero ese, que no quieren reconocer.

– ¡Pero si es igual que el padre…!

– Sí, pero el dinero…

– Sí, mira, aquí está… ¡Qué fotos tan guapas tiene la revista!, ¿eh?

– ¿Y las casas? A mí es lo que me gusta, ver el interior de las mansiones. Es lo único por lo que las miro, porque lo demás…

– ¡Ay, no! A mí me gusta el cotilleo, para qué voy a disimular. De toda la vida, me encanta ver los líos que tienen los famosos.

– Sí, pues por cotilleo que no falte, que de eso tratan estas revistas. ¿Le hago daño al peinarla?

– No, pero, oye, no vas a comparar, ¿eh? El *Hola* es, con mucho la mejor, y la más seria. Las demás son más morbosas, más sensacionalistas. La información del *Hola* sí que es de fiar.

– ¡Claro! ¡Con el pastón que les pagan a los famosos para que hablen…! Algunos viven de esto. ¡Creo que hay famosos que hasta inventan y planean escándalos para vender exclusivas!

– ¡Qué quieres, mujer! ¡El dinero… Poderoso Caballero…!

– ¡Pues qué vida tan triste!, ¿no? A mí la verdad es que la vida de esta gente me interesa muy poco. Me preocupan las personas que tenemos cerca pasando necesidades. ¡Pero esta gente! ¡Yo no les compro ni una revista!

– Bueno, algunos llevan una vida muy discreta y no hablan de ella, ¿eh? El problema es que algunos tienen a los *paparazzi* persiguiéndolos…

– Ya, eso sí que tiene que ser horrible, ¿eh? No poder salir de casa sin guardaespaldas, y temiendo a los periodistas…

Pista 12

Maite: ¿Sí?

Edu: ¿Está Maite?

Maite: ¡Edu! Hola, ¿qué tal? Soy yo.

Edu: Hola, ¿sabes? Acabo de volver de viaje.

Maite: Ah, ¿sí?

Edu: Sí, me compré un libro sobre arquitectura y me dejó tan impresionado que me fui a ver algunos edificios.

Maite: ¿Y qué viste?

Edu: Pues primero me pasé por Madrid y fui a ver la casa Levene, en el Escorial… ¡Una pasada! Es una casa ecológica. ¡Con lo que a mí me van esas cosas! No se taló ningún árbol para hacerla, ya verás, que te voy a enviar fotos por Internet…

Maite: ¡Qué bien! ¡Envíamelas!

Edu: ¡Ah! Y luego dentro también está genial, porque la estructura consiste en una serie de brazos, y la pared exterior son cristaleras, de arriba abajo, de modo que estás siempre rodeado de los árboles de fuera… Dondequiera que mires los ves…

Maite: El arquitecto, ¿quién es? ¿Es Eduardo Arroyo, no?

Edu: Sí, buenísimo.

Maite: Oye, hay otra casa famosa… Villa Nurbs, que es como una nave espacial con una piscina en el medio… ¿Te suena?

Edu: Sí, creo que está en Gerona… También está en mi libro, pero no me dio tiempo a ir… ¡Hay tantas cosas que me apetecía ver! Su creador es Enric Ruiz Geli. De noche es como un globo de luz.

Maite: ¡Qué maravilla, chico! ¡Se nota que has leído mucho!

Edu: Sí, sí…

Pista 13

Edu: Era maravilloso…

Maite: Suena increíble…

Edu: Pero espera, que sigo. Después, me fui a Barcelona, a ver la nueva sede de Gas Natural, un edificio de Millares que quita el hipo. ¿Lo conoces?

Maite: Pues no.

Edu: ¡Pues imagínate! Todo el edificio está recubierto de un cristal azulado tratado especialmente, que lo que hace es cambiar la tonalidad del edificio dependiendo de la luz que recibe. Además, refleja todo lo que hay alrededor. Y está frente al mar, ¡así que fíjate qué chulo!

Maite: ¿Pero es de él o de su mujer…? Porque su mujer es también arquitecta, ¿no?

Edu: Sí, de hecho Millares ya está muerto, pero su mujer está continuando con sus planos para hacer muchas obras suyas…

Maite: Ni idea. Yo de Millares solo conozco el Mercado de Santa Caterina.

Edu: Sí, yo también lo vi, ese sí que lo hizo junto con su mujer, la italina Benedetta Tagliabue.

Maite: He visto algún reportaje sobre este mercado. ¿No es uno que tiene el tejado ondulado?

Edu: Sí, como si fueran las olas del mar, pero de colores. La cubierta tiene miles de hexágonos de cerámica de colores. Llama la atención.

Maite: ¿Y viste algo más?

Edu: Sí, me fui a Valencia, a ver la Ciudad de las Artes y las Ciencias. Me encanta todo lo que hace Calatrava.

Maite: Es que sus obras tienen tanta luminosidad…, ¿verdad?

Edu: Sí.

Maite: Oye, tengo que dejarte, Edu. ¿Cuándo te pasas por aquí?, nuestra casa tiene una fachada muy normal, pero hace mucho que no te vemos.

Edu: Tienes razón, desde el cumpleaños de Miguel, ¿no? Ya te llamaré.

Maite: Venga, a ver si es verdad. Adiós, Edu.

Edu: Hasta luego.

Pista 14

Presentador: ¡Y ahora llega la segunda fase del concurso, dedicada a la historia de España…! Y usted, Jorge, licenciado en Historia, genial, ¿no?

Jorge: ¡Bueno, eso espero…!

Presentador: ¿Cómo andamos en historia, Merche?

Merche: Bueno… ¡No es mi fuerte, pero… a ver si hay suerte!

Presentador: ¡Claro que sí! En esta parte del concurso, los participantes eligen un sobre con una serie de preguntas sobre un tema. Luego, comienza la cuenta atrás: tendrán que responder en tres minutos el mayor número de preguntas. Merche, ¿preparada? Tenemos 4 sobres: 1. La Reconquista; 2. La llegada a América y su conquista; 3. La 2.ª República y la Guerra Civil y, para terminar, la Transición. Veamos, ¿qué tema elige usted?

Merche: La Reconquista…

Pista 15

Presentador: ¡Y el tiempo comienza… ya! ¿Qué pueblo se asentó en la Península Ibérica a la caída del Imperio Romano?

Merche: Los visigodos.

Presentador: ¿En qué año se produjo la invasión de los árabes?

Merche: En… ¿el 713? ¡No! ¡En el 711!

Presentador: ¿Por qué motivo entraron en la Península?

Merche: Venían a apoyar a un noble visigodo a conquistar el trono.

Presentador: Sí, al hijo del rey Witiza. ¿Qué pueblos comenzaron la Reconquista?

Merche: Pues… fue en el norte, ¿los astures y los cántabros?

Presentador: ¿Qué importante guerrero cristiano del siglo XI se convirtió en un mito y dio origen a la narración extensa más antigua que se conserva en lengua romance?

Merche: ¡Rodrigo Díaz de Vivar, conocido como el Cid Campeador!

Presentador: La Reconquista avanzó del norte al sur, y la capital se fue trasladando. ¿A qué ciudades?

Merche: Pues… primero de algunos pueblos de Asturias a León, y luego a Toledo.

Presentador: La Escuela de Traductores de Toledo se creó para interpretar documentos del árabe, del latín y del hebreo al español, lo que será fundamental para la difusión y la preservación de numerosas obras. ¿A manos de qué rey del siglo XIII cobró un importante auge?

Merche: De Alfonso X, el rey Sabio.

Presentador: Efectivamente. Tras su independencia de Damasco, el Califato de Córdoba cobró gran importancia y la ciudad de Córdoba llegó a ser la ciudad europea más importante del momento, por sus avances científicos y culturales. ¿Puede citar un monumento de esta época que se conserve de esta gran ciudad?

Merche: La mezquita.

Presentador: La convivencia entre cristianos y musulmanes no fue siempre bélica. ¿Cómo se llamó a los musulmanes que vivían en tierras cristianas?

Merche: Mudéjares.

Presentador: ¿Y los cristianos y judíos que vivían en tierras musulmanas?

Merche: Mozárabes.

Presentador: ¿Cuál fue el último reino musulmán de la Península en caer?

Merche: Granada.

Presentador: ¿Para qué fin fue levantado el monumento de la Alhambra? ¡Tiempo! ¡Pero que muy bien, Merche! ¡Y eso que no estaba segura!

Pista 16

Presentador: Bueno, Jorge, ¿el listón muy alto, no?

Jorge: No está nada mal, no…

Presentador: Pues vamos allá… ¡Y el tiempo comienza… ya! El 12 de abril de 1931 hubo unas elecciones. En el campo, dominado por el caciquismo, ganaron los monárquicos. ¿Quién ganó en las principales ciudades?

Pista 17

Belén: En cada barrio hay un centro de salud, adonde vas cuando te pones enfermo.

Eduardo: Anda, tenéis médico gratis.

Belén: Bueno, lo descuentan de los impuestos y de tu salario… Todo el mundo tiene seguridad social, aunque no estés trabajando.

Celinda: Pero ¿y si tienen que operarte, también?

Belén: Sí, sí, todo: pruebas médicas, revisiones, operaciones, hospitalizaciones, partos… ¡Claro! ¡Si te quieres arreglar la nariz para ponértela más bonita, entonces no! Pero si tienes un accidente y te queda la cara muy mal, te hacen cirugía estética.

Eduardo: En mi país los hospitales públicos funcionan fatal.

Belén: Aquí están bien… Hombre, la gente se queja de que para ver al especialista tienes que esperar, o de que no hay suficientes hospitales…

Celinda: Oye, ¿y las medicinas?

Belén: Bueno, cuando estás ingresado en el hospital, todo es gratis, la estancia, medicamentos, etc. Y las vacunas para los niños también, pero lo que te manda el médico de cabecera tienes que pagarlo… Te da una receta para que la entregues en la farmacia, y pagas el 40 por ciento. Si eres pensionista, no pagas absolutamente nada, y también si tienes una minusvalía.

Celinda: Pero vamos a ver, tú si estás enferma, ¿qué haces?

Belén: Hombre, si estoy muy, muy enferma o un accidente voy directamente a urgencias con mi tarjeta sanitaria. Todos tenemos una con nuestros datos. Pero si es una gripe, llamo por teléfono para pedir una cita y voy a mi médico de cabecera. Luego, si es necesario, él me manda a un especialista: a un cardiólogo, alergólogo, etc.

Eduardo: Entonces, aquí nadie va a clínicas privadas, ¿no?

Belén: Sí, hay gente que las prefiere, porque no tienen que esperar. Bueno, una cosa: en la seguridad social no entran los dientes… entonces tienes que pagar… ¡Entonces sí que sabes lo que vale un peine!

Pista 18

1.

Funcionaria: Buenos días, dígame.

Mujer: Mire, es que acabo de volver del extranjero, donde estuve trabajando 2 años y ahora estoy parada. ¿Me corresponde una ayuda económica?

Funcionaria: A ver. ¿Ha vuelto hace menos de 6 meses?

Mujer: Sí, hace dos semanas.

Funcionaria: ¿Y usted tenía un contrato dentro del país?

Mujer: Sí, con una firma francesa.

Funcionaria: Bueno, en principio, si cumple todos los requisitos, le corresponde la ayuda del inmigrante retornado. Le voy a dar una hoja informativa con todos los documentos que tiene que presentar y, cuando los tenga, viene usted por aquí. Mire, se lo explico…

2.

Funcionaria: Buenas, dígame…

Hombre: Hola, es que he visto un curso de informática que me interesa en el tablón de anuncios… ¿Qué tengo que hacer?

Funcionaria: ¿Usted está inscrito en esta oficina?

Hombre: Sí, así es.

Funcionaria: Mire, vaya a ese mostrador y pida una solicitud. La rellena, la firma, y ya está. Luego, depende del número de plazas que haya, se la concederán o no.

Hombre: Oiga, pero son totalmente gratuitas, ¿no?

Funcionaria: Sí, sí…

3.

Hombre: Hola, buenas. Venía a sellar mi hoja del paro.

Funcionaria: No es en este mostrador, para sellar es en el mostrador de información.

Hombre: ¡Ah, gracias! Es que en realidad tenía que haber venido ayer… Se me pasó la fecha… Espero que no me retiren el paro por eso…

Funcionaria: Hombre, por un día no solemos poner problemas, pero tiene que tener más cuidado, ¿eh?

Pista 19

– Oye, ¿qué echan esta semana?

– Hay un ciclo de cine español. Justo aquí tengo el folleto. Mira, la última de Almodóvar. Me han dicho que es todo un peliculón. También está *Tesis*, de Alejandro Amenábar.

– No recuerdo muy bien de qué iba…

– Sí, hombre… esa de una estudiante que está preparando una tesis sobre la violencia audiovisual y su profesor se compromete a buscar en la videoteca material, pero aparece asesinado después de descubrir una cinta. Y Ángela entonces conoce a dos chicos un poco extraños: Chema, un compañero experto en cine gore, y a Bosco, un guapetón…

– Ah, sí, es de intriga. Está genial.

– Hay otra de Amenábar: *Ágora*, dicen que es la película más cara del cine español.

– Está ambientada en Egipto, durante el Imperio Romano, en la ciudad de Alejandría. Está basada en una historia real, la vida de una famosa astrónoma: Hypatia.

– Sí, pero tú ya la has visto, ¿no? ¿Por qué no vamos a ver esta otra: *Los lunes al sol* de Fernando León de Aranoa? Creo que va de unos que se quedan en el paro y van por ahí buscando trabajo o matando el tiempo. ¡Vamos, que es un dramón!

– También ponen *El orfanato*, de Antonio Bayona.

– ¡Ostras, en esta sí pasé miedo...!

– ¡No me digas! Es de terror, pero…

– Uff, no sé qué decirte. Con los juegos extraños y las fantasías de aquel niño, en aquella mansión… Solo de pensarlo se me pone la piel de gallina.

– Oye, también ponen *El otro lado de la cama*, de Martínez Lázaro.

– ¿Qué dices? ¡Bueno, bueno... yo no me la pierdo! ¡Mira que me reí en esta película! ¡Qué risa! ¿Y los números musicales? Absolutamente geniales.

– Sí, fue la comedia musical del año. ¿Te acuerdas de la escena en que para escapar de una chica que quería ligar con él, el protagonista se esconde en el decorado de una obra de teatro y tiene que improvisar?

Pista 20

– ¿Sabías que Amenábar nació en Chile?

– No, no lo sabía.

– Sí, pero al año de nacer se vino a España. Empezó a estudiar Ciencias de la Información, pero creo que no acabó.

– ¡Y mira a dónde ha llegado! Además de director, es guionista, compositor... ¡Compone todas las bandas sonoras de sus películas!

– ¡Sí, un portento! Todas sus películas han recibido numerosos elogios y casi todas ellas premios. Tiene, creo, 10 Premios Goya y un Óscar que ganó por *Mar adentro*.

– Sin embargo, a mí me gusta más Pedro Almodóvar. ¿Sabías que estuvo trabajando en Telefónica, como administrativo? Allí empezó su época loca. Eran los 80 y la movida madrileña, y se hizo cantante de un grupo *punk-glam-rock*.

– Es que es todo un artista: director, guionista ¡y productor! Ha producido muchas películas de otros directores: Álex de la Iglesia o Isabel Coixet... Y ha sido muy galardonado...

– ¡Oye, y hablando de Álex de la iglesia...! Sus películas tienen un toque inconfundible. ¿Sabías que es un auténtico fan de *El Señor de los anillos* y de Darth Vader? ¡Un fenómeno! ¿Y sabes que también dirige programas de televisión?

– ¡Anda! ¡Como León de Aranoa!, que fue guionista de algunos programas, como el *Un, dos, tres*… Este también es un director fantástico. Ahora está en el mundo de los documentales...

– Otro muy reconocido es Garci, que tenía un programa de televisión dedicado a comentar obras maestras del cine, en el que invitaba a grandes cineastas…

– Sí, que recomienda ver las películas en versión original subtituladas, sin doblaje…

– Oye, ¿y Fernando Trueba? Ha recibido también un montón de Goyas… Ese también, antes de ser director fue crítico de cine.

– Otra directora que también trabajó para una revista de cine es Isabel Coixet. ¿Sabes que dirige muchos anuncios publicitarios y videoclips para cantantes famosos?

1.ª edición: 2011
10.ª impresión: 2020

Autoras: Vanessa Coto Bautista y Anna Turza Ferré.

Dirección y coordinación editorial: Departamento de Edición de Edelsa.
Diseño de cubierta: Departamento de Imagen de Edelsa.
Diseño y maquetación interior: Dolors Albareda.

ISBN: 978-84-7711-720-9
Depósito legal: M-1249-2011

Impreso en España / *Printed in Spain*

Fuentes, créditos y agradecimientos:
Las autoras
Archivo de Edelsa Grupo Didascalia, S.A.
Archivo fotográfico www.photos.com y www.shutterstock.com